Au-delà des œuvres

Sous la direction de
Dominique Maingueneau
et
Inger Østenstad

Au-delà des œuvres

Les voies de l'analyse du discours littéraire

© L'HARMATTAN, 2010
5-7, rue de l'École-Polytechnique ; 75005 Paris
http://www.librairieharmattan.com
diffusion.harmattan@wanadoo.fr
harmattan1@wanadoo.fr
ISBN : 978-2-296-11994-9
EAN: 9782296119949

Dominique Maingueneau
Inger Østenstad

PRÉSENTATION

Quand on écrit une préface à un ouvrage universitaire, on se contente le plus souvent de commenter son contenu. Si l'on peut ainsi se focaliser sur la seule thématique, c'est parce que l'ouvrage s'inscrit dans un espace déjà bien balisé. Il n'en va pas de même quand l'espace dans lequel le livre est censé s'inscrire n'est pas stabilisé ou clairement identifié. C'est ce qui se passe avec le présent livre, qui participe d'une démarche d'analyse du discours littéraire, domaine qui est loin d'être familier à l'ensemble des spécialistes de littérature.

Cela se comprend, car il s'agit d'un type d'approche relativement récent. En tant que courant distinct d'une simple pragmatique littéraire, il s'est développé dans les années 1990, mais n'est apparu comme courant bien identifié qu'à partir du colloque de Cerisy, qui a débouché sur un livre paru aux PUM : 'l'Analyse du discours dans les études littéraires' (2002), édité par R. Amossy et D. Maingueneau. Ce volume collectif a peu après été prolongé par le livre de D. Maingueneau *Le discours littéraire* (2004).

Mais l'émergence d'un tel courant se heurte à des résistances qui viennent aussi bien de l'analyse du discours que des spécialistes de littérature. Les premiers se sont habitués à travailler sur certains types de corpus (conversationnels, médiatiques, politiques…), et l'intégration de corpus littéraires les oblige à réviser une part de leur épistémologie ; quant aux seconds, on sait qu'ils sont traditionnellement réticents à l'égard des approches de la littérature issues des sciences humaines et sociales, approches qu'ils considèrent en général comme « réductionnistes ». En outre, l'étude de la littérature reste informée en profondeur par un partage tacite entre spécialistes du texte et spécialistes des contextes (biographiques, sociologiques, idéologiques…), un partage qu'il est de la nature de l'analyse du discours de contester. Mais, pour commode qu'elle soit pour les chercheurs, cette coupure entre deux modes d'appréhension de la littérature est peu à peu devenue obsolète, tant sont nombreux et divers les travaux qui la mettent à mal depuis une bonne trentaine d'années. Après la relative stagnation qui a suivi la décomposition des présupposés structuralistes, s'est ainsi ouverte une phase de renouvellement, autour de la sociologie de la littérature, de la pragmatique et de l'analyse du discours.

Le présent ouvrage en témoigne. Il résulte des initiatives d'un groupe d'universitaires littéraires norvégiens de l'université d'Oslo qui, travaillant sur des objets peu familiers aux approches traditionnelles, ont pensé que les problématiques d'analyse du discours littéraire pouvaient les aider à structurer et à stimuler leurs propres recherches. A partir de là, un séminaire a été organisé avec des chercheurs francophones également préoccupés d'analyse du discours littéraire. Il s'est tenu au Centre de coopération franco-norvégienne en sciences sociales et humaines à la Maison des Sciences de l'Homme en novembre 2007, et ce livre a retenu quelques-uns des exposés qui ont été faits dans ce cadre.

Son organisation reflète ce souci d'équilibre entre la mise en place de cadres épistémologiques et l'étude de données significatives ; c'est ainsi que les trois premiers chapitres se distinguent de ceux qui les suivent par leur caractère nettement théorique. Tous trois s'efforcent en effet, à travers des points de vue complémentaires, de *situer* l'analyse du discours dans le vaste champ des études sur la littérature.

Dans sa contribution, D. Maingueneau réfléchit sur les relations entre l'analyse du discours littéraire et les approches dominantes en matière d'étude de la littérature. Il souligne la spécificité des approches en termes d'analyse du discours mais se refuse à les considérer comme l'unique voie d'accès à la littérature : une tension irréductible est à l'œuvre entre un « paradigme herméneutique » et un « paradigme discursif ». R. Amossy, quant à elle, définit le cadre d'une approche argumentative à l'intérieur de l'analyse du discours littéraire, démarche qu'elle exemplifie en considérant *Les Bienveillantes*, roman sur la Shoah paru en 2006, qui a suscité de vives polémiques lors de sa parution. La contribution de J. Meizoz a un double objectif : d'une part, confronter une démarche d'analyse du discours à la sociologie des champs de P. Bourdieu, d'autre part montrer les possibilités qu'ouvre le concept de « posture », dans lequel il voit un instrument privilégié pour articuler sociologie du champ et étude des textes.

Les cinq chapitres qui suivent abordent des unités de divers types : deux sont centrés sur un auteur : D. Solstad (I. Østenstad), P. Jourde (P. Delormas) ; deux sur un genre : la biographie d'écrivain (I. Iversen), la robinsonnade (A. B.

Rønning) ; un sur un mouvement littéraire : le symbolisme (J. Schuh). Ces trois approches permettent de mettre en évidence différents aspects du discours littéraire.

Pour étudier le mouvement symboliste, et plus précisément les modalités très singulières de la communication qu'il implique, J. Schuh opère un déplacement important par rapport aux études habituelles, qui privilégient les auteurs ou les doctrines esthétiques. Il accorde en effet un rôle central à la communauté discursive qu'implique le symbolisme – communauté de créateurs et d'interprètes – sans dissocier les fonctionnements « sociaux » et le fonctionnement des textes. Dans cette perspective le caractère paradoxal de la « communication » symboliste s'enracine dans les rituels d'une sorte de contre-société.

A la différence de celle de J. Schuh, les contributions d'I. Iversen et de A. B. Rønning s'intéressent à des corpus traditionnellement considérés comme périphériques.

La biographie d'écrivain est en effet un genre qui est victime d'un double ostracisme : de la part des tenants de la réduction du discours littéraire à quelques œuvres de « grands auteurs » ; mais aussi de la part des tenants de l'œuvre pour l'œuvre, qui, dans le prolongement du *Contre Sainte-Beuve* de Proust, voient dans la biographie un obstacle à l'intelligence de la seule chose qui selon eux vaille la peine : l'œuvre. Quant aux corpus abordé par A. B. Rønning, les robinsonnades féminines, il souffre du discrédit attaché aux productions « mineures », surtout celles à destination de la jeunesse. De manière générale, les œuvres qui ont une finalité (ici former la jeunesse en la distrayant) sont a priori suspectes. A cela s'ajoute une circonstance aggravante : il s'agit d'œuvres écrites par des femmes, un paramètre que la majorité des analystes préfèrent ignorer.

Il ne s'agit pas pour autant d'accorder à ces genres le même statut qu'aux « grandes œuvres » du patrimoine, mais de comprendre que l'étude du discours littéraire comme secteur de la production sémiotique d'une société ne se réduit pas à l'étude d'un Thésaurus, d'ailleurs historiquement variable. Ce qu'il faut, c'est comprendre comment à un moment donné se dessine une géographie complexe de l'énonciation littéraire ; en d'autres termes, il n'y aurait pas eu l'opacité de l'énonciation symboliste s'il n'y avait pas eu aussi une littérature de masse à destination de la jeunesse et une mise en intrigue de la vie des écrivains dans des biographies : pas de littérature si on ne peut pas raconter la vie des écrivains, pas d'éducation sans quelque chose qui ressortisse à la littérature.

Les contributions de P. Delormas et I. Østenstad portent sur des auteurs dont les statuts dans leurs champs littéraires respectifs sont radicalement opposés. I. Østenstad étudie en effet un écrivain consacré, une sorte d'institution dans le champ littéraire norvégien, Dag Solstad, souvent considéré comme le plus grand écrivain norvégien vivant, un « nobélisable ». Quant à P. Delormas, elle s'intéresse au position-nement d'un écrivain français de bien moindre prestige, Pierre Jourde, qui se pose constamment en marginal pour attaquer les dominants du champ littéraire et les institutions, en particulier la presse et les prix littéraires. Ce qui accroît l'intérêt de leur comparaison est que les deux études s'appuient toutes deux sur le même réseau de concepts, en particulier la triade inscripteur/écrivain/personne.

Toutes les contributions de ce livre ne se réclament pas au même titre des concepts d'analyse du discours. Il nous semble néanmoins qu'elles participent de tendances que l'on retrouve aujourd'hui dans l'ensemble des sciences humaines et sociales. Nous en évoquerons deux, parmi beaucoup.

Une tendance à envisager la littérature comme une *activité*, et pas seulement comme un thésaurus d'œuvres à contempler. Cela vaut de la production de ces œuvres, mais cela vaut aussi des conditions de circulation, d'évaluation, de stockage ou de consommation de ces œuvres. Une tendance également à *décentrer* l'objet d'étude : d'un noyau d'œuvres privilégiées à un réseau diversifié de pratiques littéraires, étant entendu que ce noyau lui-même résulte de ces pratiques. Certes, il y a bien longtemps qu'on met la littérature en relation avec d'autres types de discours, mais il s'agissait seulement d'une sorte de complément à l'étude d'un nombre restreint d'œuvres consacrées. Désormais, il s'agit de rapporter ces œuvres à ce qui les rend possibles : le champ littéraire, les journaux ou les salons, mais aussi les rites d'écri-ture, les pratiques d'imprimeurs ou de typographes, les préfaces ou les épîtres dédicatoires, les vies d'écrivains, les académies, les critiques, les programmes scolaires, etc., bref, le *fait littéraire* dans toute sa complexité.

Ce livre participe donc à sa façon d'une évolution que l'on peut observer dans les recherches actuelles sur la littérature. Certains penseront sans doute qu'il n'est pas nécessaire de se réclamer de l'analyse du discours littéraire pour s'intéresser aux carrières d'écrivains ou aux contraintes typographiques ; mais on ne rend pas raison de cette évolution si l'on se contente d'ajouter aux démarches traditionnelles des travaux sur des aspects jusque là négligés ou marginalisés. En réalité, c'est toute une configuration qui est en train de se défaire et une nouvelle en train d'apparaître ; et l'on est bien obligé de forger les catégories qui permettent de lui donner forme et d'ouvrir de nouvelles questions.

Dominique Maingueneau

L'ANALYSE DU DISCOURS ET L'ÉTUDE DE LA LITTÉRATURE

L'émergence d'une « analyse du discours littéraire », considérée comme branche à part entière de l'analyse du discours, entraîne une redistribution de la cartographie traditionnelle des études littéraires. Elle implique en particulier que l'on sorte de la problématique traditionnelle « linguis-tique et littérature », lourde d'un ensemble de présupposés que par nature une démarche d'analyse du discours ne peut pas assumer. Cependant, étant donné le rôle que joue la littérature dans la société, l'analyse du discours, pour englobante qu'elle soit, doit coexister avec d'autres approches de la littérature, d'ordre herméneutique.

Analyse du discours et approches stylistiques

Indépendamment de toute démarche d'analyse du discours, l'introduction massive de concepts et de méthodes issus des théories de l'énonciation linguistique, de la linguistique textuelle et des courants pragmatiques a considérablement modifié la manière dont on peut concevoir les relations entre « linguistique » et « littérature ». Mais cette action peut s'exercer à deux niveaux bien distincts :

– A un premier niveau, ces nouvelles problématiques ont permis de développer une stylistique du texte littéraire beaucoup plus performante que ce qui se faisait auparavant. On pourrait citer un nombre considérable de travaux qui vont dans ce sens, les uns prenant appui sur les problématiques de l'énonciation, les autres y ajoutant des catégorisations plus pragmatiques. Les avancées en matière de genres de discours, de polyphonie énonciative, de marqueurs d'interaction orale, de processus argumentatifs, de lois du discours, d'implicite, etc. permettent en effet d'entrer de plain pied dans une œuvre, de l'appréhender à la fois comme processus énonciatif et comme totalité textuelle. Cette évolution permet de rompre en quelque sorte le tête-à-tête de la linguistique et de la littérature qui prévalait dans les approches stylistiques classiques : désormais, les sciences du langage ne se con-tentent plus de justifier des interprétations, elles sont à même de dire quelque chose sur l'œuvre elle-même en tant que celle-ci participe d'un certain régime du discours, saisi dans sa double face, linguistique et institutionnelle. Plus précisément, on peut distinguer deux démarches complémentaires : l'une qu'on pourrait dire « micro » (a), l'autre qu'on pourrait dire « macro » (b).

(a) Quand on réfléchit en termes d'énonciation, on a accès à des phénomènes linguistiques d'une grande finesse (modalités, discours rapporté, polyphonie, temporalité, détermination nominale...) où se mêlent étroitement la référence au monde et l'inscription de l'énonciateur dans son propre discours. Or la littérature joue énormément de ces détails linguistiques, qu'un commentaire littéraire traditionnel n'a pas les moyens d'analyser. On pourrait dire que le « grain » de l'objet texte a été changé, comme si l'on avait utilisé un microscope beaucoup plus puissant pour observer les textes.

(b) La réflexion sur l'énonciation permet de passer sans solution de continuité d'une linguistique de la phrase à une linguistique du discours. La notion de genre joue ici un rôle crucial puisqu'elle contraint à la fois les agencements textuels et permet d'envisager l'œuvre en tant qu'activité qui s'exerce dans le cadre d'institutions de parole.

– A un second niveau, en raisonnant en termes d'analyse du discours littéraire on est amené à mettre en cause l'opposition immédiate entre un « intérieur » du texte qui serait passible d'une approche stylistique faisant occasionnellement appel à la linguistique, et un « extérieur » sur lequel les sciences du langage n'auraient aucune prise. On peut en effet sortir de ce double verrouillage : la restriction du champ d'étude aux œuvres (aux « grandes » œuvres) et le repli sur des approches « internes » des textes, opposées à des approches « externes » (et peu importe, de ce point de vue, qu'il s'agisse d'histoire littéraire ou de sociologie). Tant qu'on demeure dans le cadre de l'opposition texte/contexte, on demeure d'une certaine façon dans l'espace traditionnel des études littéraires. En revanche, si l'on appréhende les œuvres en les rapportant au discours littéraire, on déplace l'axe d'intelligibilité : du texte vers un dispositif de parole où les conditions du *dire* traversent le *dit* et où le *dit* renvoie à ses propres conditions d'énonciation (le statut de l'écrivain associé à son mode de positionnement dans le champ littéraire, les rôles attachés aux genres, la relation au destinataire construite à travers l'œuvre, les supports matériels et les modes de circulation des énoncés...). Enoncer de la littérature, c'est à la fois s'appuyer sur un dispositif de communication et le valider à travers cette énonciation même, tiers jamais inclus, jamais exclu de l'œuvre.

Pour autant, les approches stylistiques qui étudient minutieusement tel phénomène linguistique ne sont pas disqualifiées. En fait, il faudrait distinguer quatre modalités dans l'approche « stylistique » :

(1) selon la première, l'étude de phénomènes linguistiques contribue à l'interprétation d'un passage de texte ou d'un texte en les rapportant à la figure de leur créateur, aux caractéristiques d'une époque ou d'une collectivité ; on retrouve ici la problématique stylistique traditionnelle, celle qui prévaut dans l'enseignement ;

(2) selon la seconde, l'analyse s'efforce de caractériser linguistiquement un ensemble discursif construit comme corpus: ensemble de textes relevant d'un auteur, d'un genre, d'un positionnement... Cette fois, il s'agit avant tout de modéliser des zones de régularité. Ce type d'approche excède largement le cadre de l'enseignement.

(3) Selon la troisième, l'analyse stylistique s'ouvre à des problématiques plus compréhensives, à un réseau d'articulations qui associe les textes à des ordres de phénomènes diversifiés : scène d'énonciation, champ littéraire, ethos, etc. On peut ici parler d'une démarche d'analyse du discours.

(4) Selon la quatrième, ce ne sont plus les œuvres qui sont, directement ou indirectement, l'objet d'étude, mais le discours littéraire, appréhendé comme réseau de genres très divers, comme zone de l'interdiscours (par exemple comme discours constituant), comme institution. Le discours littéraire ne se réduit pas, en effet, à l'étude des grandes œuvres littéraires. Il est vrai qu'on a tendance à demander à l'analyse du discours de se comporter comme les autres approches, comme s'il existait un corpus stable et une variété des éclairages au fil du temps. En réalité, l'objet étudié change avec l'approche : l'analyse du discours n'est pas un « éclairage » ou une « lecture » nouvelle des œuvres léguées par la tradition. L'analyse du discours n'hésite pas à prendre

en compte l'ensemble des genres qui participent du « fait littéraire ». Ce qui signifie, entre autres choses, que la construction des canons esthétiques, les pratiques d'enseignement de la littérature, les biographies d'écrivains, les critiques dans les journaux ou les commentaires de type universitaire, y compris l'analyse du discours elle-même, sont des objets d'étude légitimes, pour peu qu'ils soient articulés dans une modélisation consistante du fait littéraire.

Analyse du discours, texte et contexte

On l'a dit, alors que les approches classiques des textes littéraires, qu'elles soient d'ordre psychologique ou d'ordre sociologique, acceptent de se tenir « hors » du texte, dans l'espoir de trouver une « articulation » entre texte et contexte, l'analyse du discours, par nature, questionne l'idée même d'un « hors du texte ». Ce qui ne l'empêche pas d'être sous la menace de deux dangers opposés, qu'on pourrait nommer « textualisme » et « sociologisme » : d'un côté une réduction de l'objet de l'analyse au seul texte, de l'autre une étude de la situation de communication qui ne prendrait pas en compte l'activité discursive.

L'attitude de Pierre Bourdieu est intéressante de ce point de vue. Sans nul doute, sa problématique du champ littéraire a fait progresser l'analyse du discours littéraire, mais il a préservé une forme de distinction entre un intérieur et un extérieur du texte. Ainsi, dans son étude de la carrière de Flaubert, il avance que son approche ne prétend pas prendre en compte les « contenus » des romans, sauf si une correspondance claire peut être établie entre la vie de l'écrivain Flaubert et celle de tel ou tel de ses personnages (c'est d'ailleurs pour cette raison qu'il accorde une importance particulière *à l'Education sentimentale* et à son héros, Frédéric Moreau).

Dès lors qu'on entend subvertir l'extériorité de l'intérieur et de l'extérieur du texte, la notion de genre de discours ne peut que jouer un rôle clé. Il faut entendre ici « genre » dans l'acception qu'il a en linguistique du discours, qui entend par là des dispositifs de communication socio-historiquement définis, et non de simples moules dans lesquels des auteurs glisseraient des contenus. Considérée à un moment donné et dans une société donnée, la littérature peut être appréhendée comme un réseau de genres de discours, une certaine configuration d'activités de paroles légitimes. Ce réseau n'est pas constitué seulement de genres littéraires (au sens de genres des œuvres littéraires), il inclut également les genres qui gèrent l'activité littéraire : conversations dans les salons ou les académies, journaux, manuels scolaires, programmes de télévision, etc. Cela ne signifie pas qu'une critique dans un quotidien, une biographie d'écrivain et un recueil de poèmes appartiennent à la même catégorie, cela signifie seulement qu'il faut appréhender l'ensemble du réseau des genres pour comprendre le fonctionnement du discours littéraire. Les analystes du discours s'efforcent de prendre en compte à la fois la manière dont les textes sont produits et consommés et la manière dont ils sont inscrits dans une archive et réuti-lisés : ce sont deux dimensions inséparables.

Si l'on renonce à se focaliser sur les textes considérés comme des univers autonomes, bien des phénomènes qui étaient placés traditionnellement hors du champ des études littéraires deviennent pertinents ; par exemple la manière dont les écrivains produisent leurs œuvres (ce que j'ai proposé d'appeler des « rites génétiques ») : les modes de vie des créateurs, les groupes auxquels ils participent, les lieux de la sociabilité littéraire, les lieux de consécration, etc.

Ceci implique que l'on introduise l'institution au cœur du dispositif, ce qui est loin d'aller de soi. En effet, spontanément quand ils analysent des textes, la plupart des spécia-listes de littérature opposent deux formes de subjectivité : celle de l'« énonciateur » (qui peut être spécifié en « narrateur » s'il s'agit d'un texte narratif), à qui est attribuée la responsabilité de l'énonciation, et celle de l'individu « réel », du créateur considéré hors du texte. On sait que Marcel Proust, dans son *Contre Sainte-Beuve*, a théorisé une distinction de ce type[1], mais elle porte en elle-même les germes de sa propre contestation : l'instance même qui a écrit ce *Contre Sainte-Beuve* ne se laisse pas capter par cette opposition élémentaire entre un moi interne à la création et un moi social étranger à la création. Cette distinction bien utile et bien confortable n'est pas à la mesure de la complexité du discours. Il faut bien introduire une troisième instance : l'écrivain, qui joue sa partie dans le champ littéraire. L'écrivain définit certains choix quant à son comportement comme producteur des œuvres : il prend ou non un pseudonyme, il donne ou non des entretiens aux journalistes, il publie ou non chez tel ou tel éditeur, il écrit ou non des pré-faces, publie ou non un journal intime, etc. Mais tout cela ne peut être assumé qu'en se confrontant aux représentations dominantes du statut d'écrivain dans une certaine société.

On doit garder à l'esprit qu'un créateur, qu'il le veuille ou non, est à la fois le producteur de son texte et un ministre de la littérature comme institution. On notera d'ailleurs que le terme « auteur » est instable. Par exemple quand il est utilisé dans la préface d'une œuvre, l'auteur désigne à la fois l'entité qui a écrit l'œuvre et le rôle – défini par l'institution – qui se pose en responsable de cette œuvre. De toute façon, des notions telles que celles d'« écrivain », ou d'« auteur » excèdent la dichotomie énonciateur/individu (social ou psychologique). Si on ne restreint pas son intérêt à un

---

[1] En fait, Proust ne parle pas d'« énonciateur », notion impensable dans la conjoncture intellectuelle dans laquelle il était pris, mais de « moi profond » ou de « moi créateur », opposé au « moi social », dit aussi « moi superficiel ».

répertoire très limité d'œuvres, l'auctorialité de beaucoup d'œuvres – en fait de la plupart – ne peut pas être analysée en demeurant à l'intérieur des catégories usuelles. Par exemple, à *qui* doit-on attribuer les manifestes, les autobiographies ou les journaux intimes publiés par les écrivains ? On ne peut les attribuer au seul énonciateur d'œuvres proprement littéraires, ni à l'écrivain acteur du champ littéraire, ni à l'individu appréhendé hors de l'activité littéraire... La distinction texte/contexte et son avatar, celle entre moi textuel et moi hors du texte, ne permettent pas de traiter ce type de problème.

Pour transformer ainsi les conditions de la recherche en littérature, on a besoin d'ouvrir un nouvel espace, celui du *discours*, précisément. J'aimerais citer ici quelques lignes de Michel Foucault, qui dit cela mieux que je ne pourrais le faire :

> Mais ce dont il s'agit ici, ce n'est pas de neutraliser le discours, d'en faire le signe d'autre chose et d'en traverser l'épaisseur pour rejoindre ce qui demeure silencieusement en deçà de lui, c'est au contraire de le maintenir dans sa consistance, de le faire surgir dans la complexité qui lui est propre (…) Je voudrais montrer que le discours n'est pas une mince surface de contact, ou d'affrontement, entre une réalité et une langue, l'intrication d'un lexique et d'une expérience ; je voudrais montrer sur des exemples précis, qu'en analysant les discours eux-mêmes, on voit se desserrer l'étreinte apparemment si forte des mots et des choses, et se dégager un ensemble de règles propres à la pratique discursive (…). Tâche qui consiste à ne pas – à ne plus – traiter les discours comme des ensembles de signes (d'éléments signifiants renvoyant à des contenus ou à des représentations) mais comme des pratiques qui forment systématiquement les objets dont ils parlent. (Foucault 1969 : 65–67)

Le discours est un

Pas plus qu'on ne peut considérer les textes « en eux-mêmes », on ne peut considérer le discours littéraire « en lui-même », comme si la littérature était un domaine incommensurable à tout autre. L'étiquette même d' « analyse du discours littéraire » implique que soit pleinement assumée l'unité du discours, dans toutes ses manifestations. Présupposé qui peut sembler extrêmement trivial, mais qui en réa-lité est très neuf, du moins au niveau de sa mise en œuvre effective. Cette idée s'oppose en fait à des résistances qui viennent de deux bords : des littéraires traditionnels, bien sûr, mais aussi de la plupart des analystes du discours.

Il est compréhensible que beaucoup d'universitaires spécialistes de littérature jugent tout à la fois illégitime et inefficient le recours à des problématiques d'analyse du discours. La tendance inévitable du littéraire traditionnel est en effet de placer ceux qui entendent étudier la littérature devant l'alternative suivante : soit traiter les œuvres littéraires comme n'importe quel autre type de discours, soit recon-naître l'incommensurabilité de la littérature, ce qui signifie renoncer à adopter une démarche d'analyste du discours. Cette alternative repose sur un présupposé puissant, qui est au cœur de l'esthétique romantique, selon lequel il faut séparer la littérature du reste des autres productions discursives d'une société : il y aurait d'une part les énoncés « transitifs », qui auraient leur finalité hors d'eux-mêmes, d'autre part la littérature, les œuvres véritables, « intransitives », « autotéliques », qui auraient leur finalité en elles-mêmes et qui ne pourraient être abordées qu'en partant du postulat de leur incommensurabilité. Si l'on accepte de tels présupposés, l'analyse du discours apparaît comme une entreprise qui a pour conséquence – et peut-être même pour secrète ambition – de ramener à l'ordinaire de la communication ce qui excède tout ordinaire et toute communication.

On a pu s'en rendre compte lors de la table ronde consacrée aux relations entre stylistique et analyse du discours lors d'un colloque tenu à Cerisy[2], en 2002, sur le rôle que peuvent jouer les problématiques du discours dans les études littéraires. Ce colloque répondait en quelque sorte à celui de Cerisy qui en 1966 avait consacré l'émergence de la « Nouvelle critique ». Dans cette table ronde les interventions des stylisticiens tendaient clairement à limiter les prétentions des démarches d'analyse du discours en les cantonnant dans l'étude de productions relevant de la sous-littérature. D. Delas y affirmait ainsi : « Il n'est pas possible de traiter du *discours littéraire* en transposant tout simplement les notions élaborées pour d'autres discours sociaux : il y faut une poé-tique » (Amossy & Maingueneau (éds.) 2003 : 343). Delas semble ici présupposer que l'analyse du discours serait incapable d'assumer la diversité des types de discours. Le recours à la notion très floue de « discours sociaux » ne doit pas faire illusion : ces derniers ne réfèrent pas à une classe de textes empiriquement consistante, ils font plutôt écho aux célèbres « mots de la tribu », au « numéraire facile et représentatif » que Mallarmé opposait au « vers[3] ». Il n'est d'ail-leurs pas surprenant que cette inquiétude soit exprimée par un stylisticien spécialiste de poésie moderne ; car la poésie est précisément le lieu où l'adéquation entre les présupposés esthétiques des commentateurs et ceux des écrivains est la plus parfaite. On retrouve quelque chose de comparable dans le *Contre Sainte-*

---

[2] Le thème du colloque était « l'Analyse du discours : un tournant dans les études littéraires ? » (Amossy & Maingueneau 2003 : 323–48).

[3] « Au contraire d'une fonction de numéraire facile et représentatif, comme le traite d'abord la foule, le dire, avant tout, rêve et chant, retrouve chez le Poète, par nécessité constitutive d'un art consacré aux fictions, sa virtualité. Le vers qui de plusieurs vocables refait un mot total, neuf, étranger à la langue et comme incantatoire, achève cet isolement de la parole. » (« Crise de vers », in Mallarmé, *Œuvres*, Paris, Bordas, 1992, p.279).

Beuve, qui prend lui aussi appui sur les œuvres des poètes postérieurs à 1800 pour disqualifier l'approche attribuée à Sainte-Beuve, qui ne saurait capter que le « moi social », et non le « moi créateur ».

Lors de la même table ronde, A. Herschberg Pierrot avait tenu des propos de teneur semblable :

> Le discours est opposable à l'œuvre littéraire. L'œuvre n'est pas un discours parmi d'autres, c'est un événement d'écriture et de lecture et une configuration esthé-tique. La dimension esthétique est celle de l'œuvre d'art, non pas du chef d'œuvre intemporel, mais d'une œuvre qui continue à agir sur son lecteur, d'une œuvre que n'épuise pas sa lecture. Dans cette perspective, l'analyse du discours et celle du style n'ont pas les mêmes enjeux ni ne portent sur les mêmes objets (…) L'enjeu de la littérature n'est pas le type mais la singularité : qu'est-ce qui fait de cette œuvre un texte inouï ? (*Op. cit.* : 338)

Evidemment, une telle affirmation repose sur le postulat que l'approche en termes de discours est incapable de prendre en compte de l'écriture comme « événement » et comme « singularité ».

Ce partage romantique, encore dominant, entre la littérature et le reste des productions verbales d'une société a pour effet de conforter une certaine distinction, au sens strict du terme : les œuvres véritables sont par nature *distinctes* de tout ce qui s'énonce par ailleurs. Ce partage permet aussi de légitimer une certaine distribution des tâches dans l'univers académique : la distinction entre les facultés de lettres, qui auraient en charge les œuvres véritables, et les facultés de sciences humaines et sociales, qui seraient naturellement vouées à l'étude des « discours sociaux » de second plan, aux « minores », pour reprendre l'expression de P. Bourdieu. En fait, le problème n'est pas d'opposer les œuvres aux « discours sociaux », comme si les œuvres n'étaient pas d'une certaine façon des discours « sociaux », mais de prendre acte de la diversité des discours et des modes de gestion des discours dans une société donnée.

Affirmer l'unité du discours ne saurait revenir à annuler sa diversité. C'est précisément l'un des piliers de l'analyse du discours que de chercher à rendre raison de cette diversité. Cette diversité concerne d'ailleurs la littérature elle-même, qui varie dans le temps et l'espace. La notion même de « discours littéraire » considéré comme un ensemble nettement identifié n'a véritablement de sens que depuis la fin du XVIIIe siècle. Toute la difficulté est de maintenir à la fois le postulat que les objets sont toujours socio-historiques mais qu'il y a des invariants quant aux conditions de possibilité de textes qu'on peut dire « littéraires ». Si je prends l'exemple du caractère « paratopique » (Maingueneau, 1993 : 27) de la condition des écrivains, celle-ci tourne au XVIIe autour de la figure du parasite, alors qu'au XIXe siècle il s'agit de bohème ; mais le principe même de la paratopie demeure invariant.

Mais, comme je le disais plus haut, ces réticences des littéraires rejoignent paradoxalement celles des analystes du discours à l'égard de la littérature. Au moment où l'analyse du discours est apparue, dans les années dix-neuf cent soixante, en matière d'étude de textes il existait une sorte de répartition tacite du travail : les facultés de lettres analysaient les textes prestigieux, en prêtant une attention particulière à leur « style », aux ressources linguistiques mobilisées par l'écrivain ; de leur côté, les départements de sciences humaines ou sociales avaient affaire à des textes de faible prestige, des « documents » qui n'étaient pas considérés comme passibles d'une approche stylistique et n'étaient étudiés que parce qu'ils donnaient accès à des réalités extralinguistiques. Le développement des approches d'analyse du discours a eu pour effet de convertir le regard sur ces « documents », qui ont bénéficié désormais d'une attention comparable à celle des textes étudiés dans les facultés de lettres, mais dans un cadre théorique et méthodologique très différent.

Pendant plus de trois décennies cette répartition traditionnelle des tâches a ainsi perduré tant bien que mal : l'analyse du discours a soigneusement évité les textes prestigieux, tandis que la stylistique littéraire, tout en intégrant certains outils empruntés aux courants énonciatifs et pragmatiques, n'a pas mis en cause ses gestes essentiels et les partages institutionnels qu'ils impliquent. De leur côté, les analystes du discours sont habitués à ignorer les corpus de type littéraire, philosophique ou religieux. Ils étudieront ainsi volontiers une émission littéraire à la radio ou à la télévision, les chroniques littéraires dans les journaux, etc. tout ce qui correspond à des genres routiniers. En revanche, ils éviteront de se confronter à la Bible ou à *Madame Bovary*. Cette exclusion est d'autant plus intéressante qu'elle n'est pas motivée par des considérations théoriques.

Le discours littéraire comme discours constituant

Poser que la littérature relève des « discours constituants » (Maingueneau et Cossutta 1995), c'est à la fois lui donner un statut dans l'interdiscours et l'intégrer dans l'espace de l'analyse du discours : on comprend mieux le fonctionnement de la littérature si on l'intègre dans cet ensemble plus vaste, les discours constituants, dont elle assume de manière spécifique les invariants. Cela implique que soient pris en compte deux types de frontières : a) celles qui séparent les uns des autres les divers discours constituants, b) celles qui séparent les discours constituants de ceux qui ne le sont pas. Mais, pour cela, il faut sortir de l'alternative ruineuse qu'a imposée la doxa romantique : ou bien maintenir la littérature dans son autarcie, ou bien la dissoudre dans l'océan sans bords des énoncés ordinaires.

Plutôt que de s'en tenir à une coupure élémentaire entre discours littéraire et non-littéraire, il vaut mieux partir du principe que le discours littéraire partage des propriétés fortes avec cette aire spécifiée de la production verbale que définissent les «discours constituants», par lesquels se disent les paroles ultimes d'une collectivité. C'est là un détour qui peut sembler coûteux, mais qui accroît l'intelligibilité du fait littéraire. Discours ultimes, au-delà desquels il n'y a plus que de l'indicible, les discours «constituants» – en particulier religieux, esthétique (dont la littérature est une modalité), philosophique, chacun selon ses ressources propres – s'autorisent d'un Absolu pour donner sens aux actes de la collectivité. Discours limites, placés sur une limite *et* traitant de la limite, zones de parole parmi d'autres *et* paroles qui se prétendent en surplomb de toute autre, ils doivent gérer textuellement les paradoxes qu'implique leur statut. Avec eux se posent dans toute leur acuité les questions relatives au charisme, à l'Incarnation, à la prophétie, à l'inspiration : pour ne s'autoriser que d'eux-mêmes, les locuteurs ne peuvent pas parler en leur nom propre, mais s'inspirer d'une Source transcendante. L'écrivain, le théologien, le philosophe… s'autorisent d'un Destinateur, pour reprendre un terme de sa sémiotique d'A.-J. Greimas, (la Beauté, le Bien, la Raison, la Vérité, le Peuple, Dieu…) dont ils sont en quelque sorte le ministre, au nom duquel ils énoncent. Mais ce Destinateur est en même temps reconfiguré par eux : chaque positionnement singulier le définit en fonction de l'identité qu'il construit par son énonciation.

Cette intégration de la littérature dans les discours constituants a également pour mérite de rendre moins «lourde» la tâche de l'analyse du discours littéraire, puisque bon nombre de ses propriétés sont partagées par d'autres types de discours, qui se situent dans la même zone de l'univers discursif. Ainsi l'appartenance à un champ discursif où se délimitent des positionnements concurrents, l'élaboration de scènes d'énonciation et de « code langagier » à la mesure des contenus déployés, l'existence de communautés discursives...[4].

Analyse du discours littéraire, études littéraires, discipline

On ne peut pas se cacher, néanmoins, que le développement, depuis les années 1990, d'une « analyse du discours littéraire » qui s'assume comme telle soulève des difficultés non seulement épistémologiques mais aussi institutionnelles. A vrai dire, il n'y a rien de très surprenant au fait que le statut institutionnel des études littéraires soit problématique, si l'on songe qu'elles ne recouvrent pas véritablement une « discipline », je veux dire une discipline de recherche. Il convient en effet de distinguer les disciplines au sens *institutionnel*, celles que reconnaissent les pratiques de l'administration, et les disciplines *heuristiques*, celles qui structurent la recherche, qui permettent aux acteurs des champs scientifiques de donner sens à leur activité.

Les spécialistes de littérature sont bien loin de former une communauté qui relève de la même discipline de recherche.

Dans un premier temps, leur mode de groupement semble comparable à celui de chercheurs issus de disciplines très diverses qui s'intéressent à un même domaine empirique, à un même « territoire » : l'alimentation, les accidents du travail, Internet, la presse écrite, etc. Ces territoires sont liés de manière plus ou moins directe à une demande sociale. Ce mode de groupement n'est d'ailleurs pas un phénomène marginal, surtout dans une conjoncture où la pluri-, la trans- ou l'interdisciplinarité sont largement recommandées par les politiques de recherche.

---

[4] Sur cette question voir Maingueneau et Cossutta 1995.

Dans un second temps, les choses apparaissent plus compliquées. On ne retrouve pas en littérature la situation qu'on peut trouver dans des communautés qui étudieraient Internet ou l'alimentation : dans ce dernier cas, il s'agit de spécialistes de diverses disciplines de recherche qui confrontent leurs perspectives respectives. En revanche, on ne peut pas dire qu'un spécialiste d'histoire littéraire et un commentateur de textes appartiennent à des « disciplines » heuristiques distinctes : ce sont plutôt des facettes différentes d'une même corporation qui est cimentée par le maniement d'un certain nombre de routines universitaires (par exemple certains exercices : dissertation, explication de texte, commentaire composé, etc.) et qui se répartit en fonction des écrivains étudiés et/ou des siècles.

En outre, l'incertitude est grande quand il s'agit de définir ce que recouvre exactement cette « littérature » qu'est censée étudier la discipline universitaire du même nom. Ce n'est pas seulement une incertitude quant au type de textes à prendre en compte (œuvres véritables ou sous-littérature ? anciennes ou contemporaines ? française, européenne, universelle ?…). C'est aussi une incertitude sur l'extension de ce domaine : faut-il y inclure seulement les textes, ou aller jusqu'à l'architecture intérieure des théâtres, aux techniques de fabrication des livres, au statut juridique des écrivains, aux manuels de littérature, aux critiques dans les journaux et les magazines, aux émissions littéraires, etc. ? En d'autres termes, va-t-on prendre en compte un patrimoine *d'œuvres* consacrées ou le *fait littéraire* dans toute sa complexité ? De la réponse à ce type de question dépendent beaucoup de choses, en particulier les qualifications requises pour être un bon littéraire. Si l'objet de la discipline se ramène à établir une relation vivante à un Thésaurus de grands textes, le vrai littéraire doit se détourner de considérations (sociologiques, psychologiques, linguistiques ou autres) « extérieures » à l'essentiel : la relation herméneutique, l'affirmation fondatrice que l'interprète ne peut, de toute façon, être digne du texte qu'il commente, qu'il lit le texte qui lui apprend comment il faut lire.

Dans ces conditions, le littéraire apparaît aujourd'hui pris dans une situation très difficile, que le développement de problématiques comme celles de l'analyse du discours ne peut qu'aggraver. Pour être légitime dans l'institution académique, il lui faut se réclamer des normes dominantes, celles des sciences humaines et sociales ; mais pour fonder son autonomie, il lui faut refuser que ces mêmes sciences humaines et sociales aient droit de regard sur son objet. Une façon relativement commode de gérer cette difficulté consiste à tracer une frontière entre ce qui relèverait de savoirs factuels périphériques, et ce qui constituerait l'essentiel, à savoir une relation personnelle avec les « grandes œuvres ». Pour ne pas se couper d'une légitimité de type heuristique, nombre de littéraires sont amenés à élaborer de subtils compromis entre une démarche qui les incite à emprunter massivement aux sciences humaines et sociales, et une démarche qu'on pourrait dire « herméneutique », où le littéraire se légitime par sa capacité à entrer en contact avec des textes prestigieux, placés en surplomb de l'ordinaire de la vie sociale. Sa démarche se fait, au gré des conjonctures, narratologique, linguistique, sémiotique, sociologique, psychanalytique, pragmatique, énonciative, cognitive…, mais sans réellement se soumettre aux contraintes de ces approches.

Les deux paradigmes

On comprend que l'analyse du discours, qui se laisse difficilement intégrer dans ce jeu délicat entre légitimité universitaire et légitimité herméneutique, soit mal perçue du littéraire traditionnel. Elle s'avère en effet beaucoup plus menaçante que des approches « externes » de la littérature :

elle apparaît moins aisée à disqualifier que les disciplines « extérieures » telles que la psychologie ou la sociologie, puisqu'elle se construit sur le rejet de la topique même qui oppose un intérieur et un extérieur du texte, un texte et un contexte. Elle échappe en particulier au dilemme dans lequel se trouve prise une sociologie de la littérature : soit, pour se faire accepter, reconnaître que la sociologie n'est qu'un « éclairage » des œuvres parmi d'autres, une simple « lecture » ; soit dénoncer la clôture dans laquelle s'enferment les tenants du Texte absolu, mais alors se condamner à rester un savoir profane, à la porte de l'enceinte sacrée. L'analyse du discours littéraire, par nature, ne peut pas être soumise à un tel dilemme, mais on comprend que certains s'efforcent de l'y enfermer ; c'est ce qu'on a pu voir plus haut quand on a vu opposer « discours sociaux » et une certaine interprétation de la notion de style.

L'analyste du discours, s'il veut être conséquent, ne peut pas s'opposer frontalement aux approches herméneutiques, qui en réalité ne se situent pas sur le même terrain. A partir du moment où il reconnaît que la littérature relève des « discours constituants », il est bien obligé d'accepter la nécessité d'une relation aux textes de type herméneutique, et donc le partage des études littéraires entre deux paradigmes, l'un relevant des sciences humaines et sociales, l'autre d'une herméneutique des œuvres. Dans le premier paradigme, le discours littéraire ne bénéficie pas d'un régime d'extraterritorialité – ce qui ne veut pas dire qu'il n'a pas sa spécificité – mais se trouve intégré dans l'ensemble des pratiques discursives d'une société. Dans le second, on se donne pour mission de faire vivre le Thésaurus d'œuvres à travers lequel la communauté se construit une identité.

Pour clarifier quelque peu la divergence entre ces deux « paradigmes », on peut détacher quatre points significatifs (voir tableau en face).

Ce tableau ne doit pas susciter de malentendus : il ne s'agit pas de deux mondes étanches. En effet, les tenants des approches herméneutiques, en fonction de leurs finalités propres, réinvestissent constamment les travaux du paradigme discursif. De leur côté, les tenants du paradigme discursif ne peuvent pas travailler sans s'appuyer sur l'arrière-plan herméneutique, sans lequel il n'y a pas pour eux d'objet à étudier. Ce qui importe avant tout, c'est de prendre la mesure de la profonde divergence entre les deux attitudes. Ce qui n'exclut pas des hybridations continuelles à telle ou telle étape de l'analyse ; comme on l'a vu, les littéraires sont très souvent en train d'élaborer des compromis entre les exi-gences des sciences humaines et sociales et une visée herméneutique.

PARADIGME HERMÉNEUTIQUE	PARADIGME DISCURSIF
OBJET	
Analyse restreinte aux Œuvres.	Corpus défini en fonction de l'objectif de la recherche ; il peut inclure des textes relevant de la paralittérature, des genres connexes (commentaires, manuels...) ou des textes relevant d'autres types de discours.
SINGULARITÉ	
Focalisation sur l'unicité de chaque œuvre et celle de son commentateur.	Focalisation sur les invariants du discours littéraire, étude des conditions de possibilité de l'unicité des œuvres.

FINALITÉ	
Production de nouvelles **interprétations**, en vertu du caractère inépuisable du sens des œuvres.	Etude des **conditions de l' « interprétabilité »** des textes en un moment et un lieu donnés.
COMMUNAUTÉS	
Spécialistes répartis pour l'essentiel en communautés définies en fonction d'un intérêt pour un **auteur** ou une **période**.	Communautés de chercheurs partageant un certain nombre de **concepts** et de **méthodes**.

Néanmoins, ceux qui opèrent à l'intérieur du paradigme discursif ne peuvent pas ignorer qu'ils participent d'une entreprise inévitablement au second plan. Toute sophistiquées qu'elles soient, les approches de type herméneutique se situent en effet dans le prolongement du rapport spontané aux œuvres, où ces dernières sont évaluées en fonction du vécu singulier ou collectif de Sujets pris dans les multiples enjeux de la vie en société. Les approches discursives, en revanche, sont indubitablement ascétiques. Mais le développement de problématiques d'analyse du discours a des conséquences qui sont loin d'être négligeables : désormais il est impossible pour les démarches herméneutiques d'agir en toute innocence, d'ignorer qu'il existe d'autres manières d'envisager le fait littéraire.

Il me semble que sont aujourd'hui réunies les conditions pour un tournant comparable à ce qu'a pu être l'émergence de la philologie à la jointure des XVIIIe et XIXe siècles. La philologie, c'était à la fois le corrélat du développement d'une nouvelle approche du langage et un phénomène dont la portée excédait largement les études littéraires. Il en va de même pour l'analyse du discours, qui s'appuie sur un ensemble de transformations dans les sciences du langage et implique l'ensemble des sciences humaines et sociales. Le problème est que l'analyse du discours en est encore à ses débuts. Il est beaucoup plus facile de voir ce dont on se détache que de cerner les frontières de ce qui est en train de se faire. A vrai dire, il est vraisemblable qu'on ne saura jamais très bien quelles sont les frontières de l'analyse du discours littéraire, pas plus qu'on n'a su quelles étaient celles de la philologie, qui était elle-même coextensive à ce qui fut l'âge d'or de la littérature. On va vraisemblablement voir apparaître des formes d'analyse du discours qui vont chercher des compromis avec les pratiques traditionnelles d'étude de la littérature. Il est néanmoins nécessaire de souligner les points d'irréductibilité, ce par quoi les deux démarches diffèrent.

Ruth Amossy

LA DIMENSION ARGUMENTATIVE DU DISCOURS LITTÉRAIRE
L'exemple de *Les Bienveillantes*

Réflexions théoriques

Cette réflexion, encore rudimentaire, entend explorer la possibilité d'une approche discursive et argumentative du discours littéraire. Initiée dans *L'argumentation dans le discours* (2006 [2000]), ainsi que dans deux collectifs consacrés à la question (Amossy et Maingueneau 2003, et *Littérature* 140, 2005), elle se situe à la croisée des théories de l'argumentation et de l'analyse du discours « à la française » (Charaudeau et Maingueneau 2002). Elle propose d'étudier le discours dit « littéraire » dans sa matérialité linguistique, sa vocation communicationnelle et ses enjeux institutionnels. Plusieurs principes, qu'on se contentera de rappeler brièvement, la sous-tendent :

(1) Il est possible de trouver les éléments de base qui président à l'élaboration de tout discours et, parmi eux, du

« discours littéraire » (Maingueneau 2004) : il en va ainsi, par exemple, du dispositif d'énonciation ou du dialogisme. L'argumentation, ou tout au moins ce que j'appelle la dimension argumentative (j'y reviendrai), participe de ces éléments de base.

(2) Qu'il s'agisse d'interaction réelle ou virtuelle, le discours (« littéraire » ou autre) participe toujours d'un processus de communication, d'un échange.

(3) Pour explorer le discours dans ses variétés concrètes, il faut tenir compte du ou des genre(s) de discours dont il relève.

(4) La spécificité d'un discours donné est liée à la sphère d'échange dont il participe. Elle est par définition sociale et institutionnelle. On considère, dans le sillage de Bourdieu (1991), qu'un discours particulier s'inscrit dans un champ structuré qui comporte ses enjeux propres, et qu'il s'y positionne parmi les divers possibles du moment.

(5) C'est seulement en le replaçant dans ces divers cadres qu'il est possible de rendre compte d'un discours singulier, d'une œuvre dans son unicité.

Mais comment aborder la question même du littéraire – comment déterminer la spécificité d'un objet fuyant, impossible à désigner de façon unilatérale tant divergent les conceptions que s'en font les époques et les cultures ? En l'occurrence, l'analyse du discours (AD) ne peut qu'adopter l'attitude consistant à définir comme « littéraire » ce qui, à une époque donnée, est considéré comme tel. A savoir le discours qui s'inscrit dans le champ littéraire, fût-ce aux marges controversées de celui-ci, et reconnu comme faisant partie d'un de ses secteurs – littérature consacrée, d'avant-garde, populaire, etc. La démarche est ici résolument sociologique, et il y a continuité entre les positions de chercheurs comme Alain Viala ou Paul Aron (parmi les initiateurs du *Dictionnaire du littéraire* 2002) et celles des analystes du discours.

Dans cette perspective, la démonstration se limitera à un exemple contemporain, qui permettra de mettre en lumière quelques-uns des ajustements qu'appelle une analyse du discours littéraire par rapport à d'autres catégories de discours. On prendra, plus précisément, la fiction romanesque. En effet, celle-ci participe des genres discursifs et de l'argumentation selon des modalités particulières, qui proviennent tout d'abord du fait qu'elle relève des genres secondaires (selon la terminologie de Bakhtine, 1979 : 267) et se trouve de ce fait décalée par rapport aux échanges ordinaires.

Il en résulte, en un premier temps, qu'elle s'approprie l'interdiscours de son époque en le mettant à distance dans un geste de monstration. C'est ce que souligne Marc Angenot lorsqu'il situe le discours littéraire par rapport à ce qu'il appelle « le discours social » (l'interdiscours) : « la littérature, écrit-il, est à concevoir comme un *supplément* du discours social, son moment est un après-coup, ce qui fait d'elle, en effet, un trouble-fête » (1992 : 13). Il ne s'agit pas, en l'occurrence, d'une position d'extériorité par rapport à la parole qui circule dans une société donnée. La reprise opérée par le discours littéraire implique un retravail, fût-il minimal, et une prise de position, fût-elle simplement une façon d'orienter le regard. Par là, le discours romanesque se situe nécessairement par rapport à la parole de l'autre, aux débats qui traversent la société de son temps, au bruissement du discours social auquel il adhère ou s'oppose.

A cela s'ajoute le fait que le discours littéraire se tisse aussi avec tous les fils empruntés aux œuvres antécédentes, qu'ils soient perceptibles sous forme de reprise avouée, ou cachés dans une mémoire qu'il incombe au lecteur d'activer. C'est alors l'intertexte qui contribue à modeler le discours nouveau, et souvent à le positionner dans le champ littéraire. Le réel est ainsi filtré et mis en forme à travers la double médiation des discours courants (l'interdiscours) et des œuvres modèles (l'intertexte) auquel le discours littéraire nouveau fait écho et/ou donne la réplique. Ce dialogisme est constitutif du discours fictionnel dit littéraire, et lui permet de s'élaborer à la croisée de l'idéologie et de l'esthétique.

A cela s'ajoute le fait que le discours nouveau répond à la parole de l'autre en se modelant sur des formes génériques préexistantes. Cela est vrai du discours littéraire comme des autres. Cependant celui-ci – et en particulier sous sa forme fictionnelle et romanesque – ne se coule pas nécessairement dans un moule uniforme. Il peut mobiliser des genres divers, qu'il entrecroise dans son espace propre où ils se modifient et se fécondent mutuellement. Des genres distincts possèdent des visées différentes – qu'on pense au témoignage, au rapport administratif, ou à la lettre intime. Aussi la mise en relation d'objectifs particuliers, divergents et éventuellement contradictoires, dans un même espace, peut-elle en suspendre ou en modifier certains. Dans tous les cas, elle en complexifie les enjeux. La production du sens s'élabore donc également au niveau de l'intergénéricité.

Cette perspective dialogique qui croise interdiscursivité, intertextualité et intergénéricité débouche directement sur l'approche argumentative qui est selon moi indissociable de l'AD. Ce point nécessite sans doute quelques explications. En effet, l'AD est encore rarement associée à l'argumentation. Le fondement de la relation qui se noue entre elles est cependant le dialogisme au sens bakhtinien du terme : non seulement dans le sens vertical qu'exemplifie l'interdiscours, mais aussi dans le sens horizontal qui est celui de l'échange. D'une part, le mot est toujours une réaction à celui de l'autre qu'il reprend, modifie ou attaque. D'autre part, le discours vise toujours quelqu'un, il est destiné à l'autre et dirigé vers un allocutaire même lorsque celui-ci est absent et qu'il n'y a pas d'adresse ni de marques linguistiques de sa présence (cf. point 2). Cet échange stipule une interaction où les partenaires essayent d'exercer une influence mutuelle l'un sur l'autre. Dans ce dynamisme qui sous-tend toute communication, *c'est la force de la parole qui entre en jeu, sa capacité à agir et interagir. En bref, le fonctionnement discursif envisagé dans une perspective dialogique implique sa dimension argumentative.* Encore faut-il insister ici sur deux points essentiels. Le premier concerne la dimension argumentative du discours, le second sa dimension sociale. En effet, il ne faut pas confondre la notion de dimension argumentative et celle de visée argumentative (Amossy 2005). La première désigne en gros la capacité de la parole à agir sur l'autre en infléchissant ses façons de penser, de voir et de sentir ; les discours à visée argumentative, par contre, se donnent pour objectif de faire admettre une thèse précise et de susciter une prise de position sur un sujet controversé (ou qui peut l'être). La rhétorique classique et les théories de l'argumentation ont jusque-là privilégié les discours à visée argumentative, considérant que seuls relevaient de leur ressort ceux qui visaient à entraîner l'adhésion de l'auditoire à une thèse. Ils se sont ainsi concentrés sur les discours voués à persuader comme le discours politique, la plaidoirie ou le réquisitoire, la publicité, etc. Dans cette perspective, on ne peut retenir dans le champ littéraire que la littérature didactique ou le roman à thèse qui, malgré les œuvres illustres qu'ils comptent à leur crédit, continuent aujourd'hui à être minorisés. Il convient cependant d'adopter une vision plus large de l'argumentation en considérant, avec Jean-Blaize Grize (1990 : 41), que l'argumentation consiste à intervenir sur les représentations que le lecteur se fait des choses. Il s'agit là d'une conception généralisée de l'argumentation dans le discours (elle voit dans l'argumentation une dimension inhérente au discours, comme Ducrot considère que l'orientation argumentative est inhérente à la langue). On peut l'étendre au discours littéraire dans la mesure où, le plus souvent, il oriente des façons de penser et de voir sans pour autant défendre une thèse.

Or, il le fait à sa manière. Ce point est capital : il stipule que les modalités selon lesquelles le discours littéraire fait partager une façon de voir ne sont pas nécessairement des enchaînements d'arguments et des raisonnements formalisables. Tout au contraire, l'argumentation dans le discours est indissociable du fonctionnement global d'un discours donné. Elle ne s'élabore pas de la même manière dans un essai et un récit fictionnel, dans un manuel et un roman historique. Il convient donc d'analyser la façon dont elle se met en place en dégageant sa spécificité dans le cadre d'un genre donné. Ce qui revient à dire, non seulement que l'argumen-tation diffère selon qu'elle relève d'une visée ou d'une dimension argumentative, mais encore que la dimension argumentative est elle aussi tributaire du fonctionnement global du discours et peut de ce fait emprunter des formes très diverses. Pour résumer :

(1) Dans le discours littéraire, *la dimension argumentative ne se présente pas sous forme de raisonnement formalisable* : elle se met en place, de façon plus ou moins discrète ou voilée, à l'aide des moyens spécifiques du genre dont elle relève (par exemple, les données de l'intrigue ou la gestion du discours rapporté et de la polyphonie romanesque)

(2) *La dimension argumentative ne comporte pas nécessairement une conclusion claire ; elle permet d'attirer l'attention sur des problèmes, de soulever un questionnement qui suscite la réflexion* sans pour autant conduire à l'adoption d'une thèse précise. Ce point est important, car il est souvent la marque privilégiée du discours littéraire de type fictionnel par définition libéré de toute exigence pragmatique[1].

---

[1] J'ai essayé, dans mon *Argumentation dans le discours* (2000), de le montrer sur l'incipit du *Colonel Chabert* de Balzac. J'ai également tenté

Un dernier point concerne le dispositif d'énonciation. Il faut insister sur ce point parce qu'il permet d'articuler la dimension argumentative et la dimension sociale du discours littéraire. On a déjà mentionné, dans une perspective d'AD, la relation intrinsèque du dialogisme et de l'argumentation. La dynamique de la réaction à la parole de l'autre est prise dans un schéma de communication où le locuteur construit un point de vue à l'intention de son allocutaire. Or, il ne peut transmettre sa position ou sa vision des choses de façon efficace s'il ne prend en ligne de compte les valeurs, les normes et les positions de son auditoire. C'est ce que Perelman appelle l'adaptation à l'auditoire – lequel n'est, il le précise bien, qu'une construction de l'orateur (Perelman et Olbrects-Tyteca 1970 : 25–34). Le discours s'élabore donc dans cette interaction réelle ou virtuelle avec l'autre, dont l'image sans cesse projetée conditionne des façons de dire et des stratégies de persuasion plus ou moins avouées. C'est dire que la parole du locuteur est modelée par l'ensemble des croyances et des idées qu'il prête à son allocutaire, et qui sont toujours en prise sur la *doxa* d'une époque. Le locuteur, de son côté, n'est pas seulement un stratège qui utilise la doxa de l'autre pour faire triompher son point de vue. Il est un sujet lui-même profondément immergé dans cette *doxa*, traversé par ses lignes de force et ses contradictions, travaillant à y fixer ses repères. En d'autres termes, il est à la fois une instance de locution qui prend la responsabilité de ses dires en se positionnant dans un espace de discours déjà saturé, et un locuteur pris, plus ou moins aveuglément, dans l'interdiscours de son époque avec ses modes de cognition et de croyance. Cette double position marque un conditionnement socio-historique qui n'est pas un

---

de travailler sur cet aspect dans des récits littéraires de facture diverse, comme *L'Eté 1914* de Roger Martin du Gard, *La Mort est mon métier* de Robert Merle, ou le roman populaire (comme la *Porteuse de pain* de Xavier de Montépin).

déterminisme, mais qui ancre solidement la dimension argumentative du discours en général, et du discours littéraire en particulier, dans le social. S'y ajoute le fait que le locuteur et l'allocutaire s'installent d'emblée dans une situation institutionnelle qui distribue des rapports de place, rapports que le discours se doit de gérer tout au long de son développement.

C'est dans cette perspective que la notion de situation de discours, elle-même en prise sur celle de dispositif d'énonciation, est essentielle. En effet, c'est dans leur cadre que se mettent en place tous les éléments qui construisent les dimensions argumentative et sociale du discours littéraire. Les remarques précédentes le montrent bien : l'argumentatif et le socio-institutionnel ont partie liée. C'est peu de parler des cadres sociaux de l'argumentation : celle-ci se construit dans la socialité du discours. Il importe de savoir qui parle à qui, dans quel rapport de places, dans quelles formes génériques institutionnalisées ou socialement marquées, à partir de quels jeux d'images réciproques et nécessairement datées, sur le fond de quelle *doxa* partagée ou non, en fonction de quel idéal de rationalité. On est loin, dans cette perspective, d'une rhétorique des universaux fondée sur le partage universel de la raison et insouciante des cadres socio-historiques de l'échange. On aura aussi remarqué que dans cette optique, la division texte/contexte est artificielle : l'ensemble des connaissances encyclopédiques et de la *doxa*, le statut des participants et les circonstances dans lesquelles se déroule l'échange font partie intégrante de la situation d'énonciation. L'analyse argumentative rejoint ainsi l'AD dont elle se réclame.

La situation de discours n'est cependant pas à confondre avec le dispositif d'énonciation. Celui-ci est construit par le récit de fiction dit littéraire à partir des possibilités qu'offre la mise en action de la langue par un sujet parlant, mais aussi – comme le dialogisme et l'argumentation, par les potentialités du récit littéraire. En effet, celui-ci présente un mode d'interaction complexe dans la mesure où il est par définition polyphonique. Il pose une multiplicité de voix juxtaposées et parfois superposées, et initie de ce fait une relation complexe à un éventail d'allocutaires de statut divers (du personnage fictionnel au public potentiel). Soulignons qu'il y a locuteur dans le récit dit à la 3e personne comme dans la narration à la 1ère personne, et allocutaire même lorsqu'il n'y a pas de marques d'allocution claires. Le locuteur fait parler des énonciateurs divers – les personnages – dont il prend ou ne prend pas en charge la parole, qui dialoguent entre eux mais dont le discours s'adresse aussi, simultanément, au lecteur.[2] Or, l'argumentation que le personnage destine à un autre personnage n'est pas nécessairement celle qui se dégage de son discours lorsqu'on le considère sur l'axe narrateur-narrataire. *Deux argumentations différentes peuvent donc se superposer dans le même enchaînement d'énoncés.* Qui plus est, la facture du récit littéraire autorise une démultiplication des cadres et des narrateurs dans des orchestrations souvent complexes. A cela s'ajoute le fait que le dispositif d'énonciation s'insère dans le cadre plus global de communication qui relève de la situation de discours : un auteur dont le nom est marqué sur la couverture s'adresse au public potentiel de son époque. Derrière ce nom et cette image d'auteur se tient un écrivain qui se positionne dans le champ à travers le texte publié comme à travers ses éventuelles interventions médiatiques. Derrière le public potentiel visé par l'auteur se tiennent des lecteurs réels qui peuvent intervenir en produisant des discours d'évaluation, des interprétations ou des polémiques.

---

[2] Je suis ici la reprise qu'opère O. Ducrot lui-même des théories de Genette (Ducrot 1984 : 206–7).

L'exemple de Les Bienveillantes *(2006)*

Je voudrais rapidement mettre ces principes à l'épreuve d'un texte concret, *Les Bienveillantes* de Jonathan Littell (2006). Commençons par la situation de discours : un auteur inconnu dont le nom, Jonathan Littell, apparaît sur la couverture, propose au grand public de 2006 un ouvrage de 900 pages sur l'expérience de la guerre et de la Shoah telle qu'elle a été vécue par un personnage fictionnel, membre de la SS. Les médias se hâtent de créer une image de cet auteur qui n'a pas d'ethos préalable[3] : un jeune américain (39 ans) qui a choisi d'écrire en français, d'origine juive, qui a travaillé de 1993 à 2001 dans une organisation humanitaire, *Action contre la faim*, en Bosnie, en Tchétchénie, en Afghanistan, en Afrique, etc. Le public français auquel s'adresse Littell connaît d'ores et déjà l'histoire de l'extermination des Juifs ainsi que celle de l'Allemagne nazie. Il a pu prendre connaissance des films sur le sujet, dont *Shoah* de Lanzmann, de nombreux documentaires à la télévision, des ouvrages historiographiques sur l'Allemagne et les Allemands du IIIe Reich et/ou des commentaires ou débats auxquels ils ont donné lieu. Il vit dans un espace social où la mémoire de la Shoah continue à être ravivée par des procès (comme le procès Papon), des lieux de mémoire, des discours publics (les discours de campagne de Sarkozy, par exemple, en portent nettement la trace) et en même temps est constamment remise en question (le témoignage des professeurs qui veulent enseigner la Shoah dans les lycées est éloquent à ce sujet). Il vit aussi dans un espace où les médias ne cessent de rapporter les crimes de guerre et les horreurs commises autour de lui (génocide du Rwanda,

---

[3] Pour une étude plus approfondie des rapports entre l'ethos auctorial construit dans le texte et l'image d'auteur telle qu'elle est mise en place et diffusée par des tiers, voir mon article "La double nature de l'image d'auteur" dans *Argumentation et analyse du discours* 3, 2009. "Ethos discursif et image d'auteur".

épuration ethnique des Serbes, guerre contre les Tchétchènes, et j'en passe). Littell peut s'appuyer sur ces connaissances encyclopédiques communes et sur cet ensemble de préoccupations liées à l'actualité, tant de la place de la Shoah aujourd'hui, que des massacres de masse et de la violence exercée en divers lieux du monde.

La gageure du livre, amplement commentée, tient au dispositif d'énonciation qu'il met en place : le narrateur, Aue, est une figure criminelle de SS qui relate son vécu et ses actions à la première personne du singulier. Semblable figure de témoin ne peut bien évidemment être que fictionnelle, et c'est l'avantage du roman que de pouvoir inventer une forme inexistante de discours testimonial : celui du bourreau nazi. A côté des rares témoignages de criminels nazis, généralement produits dans le cadre ou en marge de procès (ainsi le texte du commandant d'Auschwitz), la fiction pose un récit initié par le « je » qui choisit de raconter son passé criminel et de s'étaler aux yeux du public en dehors de tout cadre judiciaire. En le faisant pénétrer dans la psyché du bourreau, le récit invite donc le lecteur à comprendre de l'intérieur un comportement unanimement perçu comme monstrueux. Le « je » tient la plume du début jusqu'à la fin et filtre tout à travers un regard unique qui exclut la perspective, généralement privilégiée, de la victime. Qui plus est, il ne rapporte la parole des autres – principalement, mais pas uniquement, des Allemands – qu'à travers son propre angle de vue.

Cette homogénéité ne peut cependant être qu'illusoire. Il ne faut pas oublier que le « je », dans un récit rétrospectif à la première personne, est par définition dédoublé : il y a le je-protagoniste, celui du témoin de l'époque qui a vécu les événements en direct, et le je-narrateur au présent qui décide de raconter son histoire avec un recul temporel très important (1970). Le point de vue sur l'événement lointain d'un vieil homme installé en France et honorable père de famille n'est pas nécessairement celui du protagoniste au service du IIIe Reich. Derrière ce double « je » qui envahit l'espace du récit se tient – il faut y insister – un narrateur invisible et inaudible (dans le sens où sa voix ne se fait pas entendre directement), celui qui écrit le texte et que le public rapporte à l'auteur dont le nom, Littell, figure sur la couverture. La présence de ce narrateur-auteur ne peut se marquer que par des traces scripturales discrètes puisqu'il ne peut intervenir dans le propos de Aue. Il ne se confond en rien avec le personnage qu'il invente de toutes pièces, se réservant le droit de s'adresser par-dessus sa tête au lecteur inscrit dans le texte – celui même que le « je » sollicite de son côté. Ce dispositif est important pour comprendre la mise à distance du propos littéral dans son versant factuel et informatif, mais aussi explicatif et argumentatif. Le narrateur fictionnel à la première personne et le narrateur-auteur invisible s'adressent au même auditoire, dans les mêmes termes – mais ils poursuivent des objectifs distincts. Leurs projets divergent ; leur argumentation, qui se chevauche dans un seul et unique discours, ne se confond pas. Chaque énoncé est ainsi pris dans une orchestration polyphonique qui en complexifie le sens et la portée[4].

Dans ce cadre, l'une des stratégies du récit de Littell consiste à juxtaposer tout au long du récit de longs fragments qui manient de façon différente le dispositif d'énonciation et ses possibilités. Il a en effet recours au discours neutre du rapport, à la narration teintée de subjectivité, au commentaire de type réflexif et argumentatif, et au discours hallucinatoire. C'est la mise en relation de ces registres qui crée la singularité du récit, contribuant au caractère problématique de sa dimension argumentative.

---

[4] L'incapacité à séparer les deux instances, ou l'impression qu'elles fusionnent dans le texte, perturbe profondément la lecture. Cf. Hus-son et Terestchenko (2007 : 152)

Commençons par le style du rapport, qui correspond au genre de discours que pratiquait officiellement Aue dans les rangs des SS. L'un des effets les plus frappants des *Bienveillantes* est la façon dont le discours fictionnel rabat les points de vue les uns sur les autres dans la relation des événements, produisant un texte en apparence dénué de profondeur. Dans les descriptions des horreurs contemplées ou accomplies, aucune distance ne semble se creuser entre le point du vue du protagoniste, le SS des années de guerre, et celui du narrateur, le « je » présent. C'est bien dans le style sec, précis et objectif propre aux rapports professionnels dans lesquels il est passé maître, que le narrateur relate, soixante ans après les faits, le massacre des Juifs. Il n'y a, dans ces évocations rétrospectives, aucun jugement, aucune évaluation. Qui plus est, il rapporte souvent le discours des autres Nazis, que ce soit en discours indirect, direct ou indirect libre, de la même manière factuelle, dénuée de commentaire personnel :

> Le Sonderkommando proposait un site : à l'ouest de la ville, dans le quartier de Syrets, près du cimetière juif mais néanmoins en-dehors des zones habitées, s'ouvraient plusieurs grands ravins qui feraient l'affaire […] Blobel convoqua tous ses officiers : « Les Juifs à exécuter sont des asociaux, sans valeur, intolérables pour l'Allemagne. Nous inclurons aussi les patients des asiles, les Tsiganes, et tout autre mangeur inutile. Mais on commencera par les Juifs. » On étudia attentivement les cartes, il fallut positionner les cordons, prévoir les acheminements et planifier les transports. (2006 : 117)

Dans ce passage, le locuteur – à la fois en tant que participant et narrateur rétrospectif – ne prend aucune distance critique par rapport au discours qu'il rapporte et ne livre aucun commentaire ni à propos de la validité de son argumentation, ni à propos de sa teneur éthique. Il le donne comme un fait discursif qui fait loi et déclenche l'action. De même, le « je » présent ne prend aucune distance par rapport au « je » passé. Ce refus de la distanciation, cette neutralisation des effets de la polyphonie jusque dans le discours rapporté, produit un texte volontairement plat et neutre. Il est important de souligner que cet effet de platitude, dans le sens d'un texte dénué de profondeur qui semble ne nécessiter aucune analyse, est en réalité le fruit d'une construction discursive. Celle-ci produit divers effets. Dès lors que les énonciateurs – le Sonderkommando, Bobel, le « je », semblent coller les uns aux autres, dans l'abrogation des distances attendues, ils forment dans leur pluralité une instance unie, renvoyant à l'unité de la SS à laquelle appartient le « je ». Mais il y a plus : l'indistinction du « je » passé et du « je » présent, qui abolit la différence entre le respectable bourgeois et le SS engagé dans la Solution finale, prive le discours de toute possibilité de hiérarchiser les points de vue et de produire l'écart nécessaire au jugement.

Le narrateur adopte ce faisant un biais qui, dans une perspective communicationnelle, ne laisse pas d'étonner. Il semble en effet poursuivre l'écriture des rapports dont il était chargé pendant la guerre par ses supérieurs hiérar-chiques. Or, si celle-ci convenait aux autorités nazies, elle est choquante aux yeux du public auquel s'adresse aujourd'hui le narrateur à la première personne, lequel sait bien que les normes et les valeurs de son lecteur ne correspondent en rien à celles qui sous-tendent son récit. Le discours du « je » est donc en rupture totale avec le public auquel il dit pourtant être destiné. En se refusant à fonder son discours sur les prémisses de l'auditoire, il viole les règles les plus élémentaires de la communication et de l'argumentation.

Quel est alors l'objectif du narrateur fictionnel face à son destinataire ? L'incipit du roman est : « Frères humains, laissez-moi vous raconter comment ça s'est passé ». Le narrateur ne rompt certes pas le silence sur les crimes nazis : les faits sont connus de longue date, et une historiographie abondante leur est consacrée. Mais la parole du bourreau peut livrer une version capitale de la Shoah : pour peu qu'elle soit fidèle et non édulcorée, elle témoigne de la façon dont les opérations ont été menées et de la manière dont elles ont été non seulement programmées, mais aussi vécues de l'intérieur. La minutie et le style neutre empruntés au rapport garantissent ici la véracité du discours, ils marquent l'aspect documentaire du récit. Le narrateur, qui se dote d'un ethos de témoin scrupuleux, colle au point de vue du « je » passé pour entreprendre une exploration de la vérité à laquelle il associe son lecteur.

En même temps, le narrateur à la première personne érigé en témoin fiable tente de rapprocher son destinataire en l'introduisant dans la trame banale des actions qu'il a été amené à accomplir, de fil en aiguille, de façon concrète et en quelque sorte ordinaire – ainsi, le travail en commun que nécessite la recherche d'un site et le choix d'un ravin pour l'exécution de masse, le discours du supérieur sur la nécessité de supprimer les Juifs qui fait autorité et que personne ne discute ni ne peut discuter, l'intendance de l'*Aktion* dès lors que la décision est annoncée. On est bien dans la bana-lité du Mal dont traite Hannah Arendt, mais présentée ici par le bourreau lui-même selon des modalités qui en pervertissent le sens. Si le discours ne se veut pas justification (il ne plaide pas), il se donne néanmoins comme un appel à une compréhension de l'intérieur. Une dimension argumentative se construit donc là où le texte, délibérément factuel et neutre, se refuse explicitement à argumenter.

Cette dimension argumentative est d'autant plus prégnante qu'un métadiscours en amont éclaire la complexité de la relation qui s'établit entre le narrateur et son auditoire. En effet, le « je » fait immédiatement dire au lecteur fictionnel, après l'énoncé inaugural « Frères humains, laissez-moi vous raconter comment ça s'est passé » : « On n'est pas votre frère, rétorquerez-vous, et on ne veut pas le savoir ». Ce que le lecteur ne veut pas savoir, ce qu'il ne peut entendre de celui qu'il refuse de considérer comme un semblable, ce ne sont pas seulement les faits qui racontent une Histoire cauchemardesque, c'est aussi la façon dont ça s'est effectivement passé dans les rangs des bourreaux. Or, c'est précisément ce que le narrateur se donne comme objectif de lui transmettre. Il se doit donc d'acquérir une écoute qui est loin d'être assurée, de se poser en locuteur avec lequel un dialogue est possible. La lecture doit entériner l'axe je–vous posé par l'ouverture, qui implique une interaction et rend possible une réciprocité. Qui plus est, le narrateur, en montrant « comment ça s'est passé » dans le quotidien de circonstances exceptionnelles pose son humanité propre en même temps qu'il tend au public qualifié de « frère » un miroir inquiétant. Il s'adresse à « L'hypocrite lecteur, mon semblable, mon frère » des *Fleurs du Mal* autant qu'aux « Frères humains » de la « Ballade des Pendus ».

La tentative du narrateur telle qu'elle ressort du maniement des voix dans le dispositif d'énonciation romanesque comporte ainsi pour le lecteur un aspect qui affecte son intégrité affective et morale. Et cela d'autant plus que le point de vue du bourreau, nous l'avons dit, envahit la totalité de l'espace romanesque et se maintient sur 900 pages sans aucun appel d'air, sans intervention extérieure. Comment le narrateur-auteur qui s'efface derrière la parole de son « je » peut-il alors, en l'absence de tout commentaire explicite, ouvrir une brèche et offrir un autre point de vue ?

Le lecteur est invité à trouver un ancrage dans l'interdiscours qu'il se doit de reconstruire à partir de ses connaissances propres, et à travers lequel s'instaure la communication avec une instance narrative qui surplombe le « je ». En effet, le style factuel de Aue projette une image qu'il n'a pas lui-même programmée, et que le narrateur-auteur donne en partage à son public – c'est celle du bourreau qu'a idéalement incarnée Eichmann le bureaucrate, l'exécuteur minutieux et attentif à tous les détails techniques d'une tâche inouïe – en bref, le stéréotype bien connu du monstre nazi. La référence implicite à Hannah Arendt et à son livre sur le procès d'Eichmann reprend alors sa juste portée et retrouve ses dimensions critiques. Dans l'ombre portée du grand criminel nazi, on comprend la distorsion qu'impose le discours de Aue à la notion de banalité du mal. On voit comment le renvoi au stéréotype et à la réflexion d'Arendt inscrit en creux la critique que le narrateur-auteur ne peut transmettre explicitement dans un roman à la première personne[5]. Deux discours se superposent dès lors dans le même énoncé. L'argumentation du « je » et celle du narrateur invisible s'adressent bien au même public, mais elles lui proposent des façons de voir contradictoires.

Cependant, *Les Bienveillantes* marque sa différence par rapport aux discours de bourreaux préexistants en allant jusqu'au bout de sa liberté de parole. Pour répondre à la question de savoir comment a été vécue la Shoah par ceux qui ont assisté et participé aux massacres, le narrateur à la première personne fait plus que violer le tabou de la représentation. Il détaille les spectacles atroces qu'il a contemplés et qu'il dit dans son texte, en toutes lettres, de façon souvent brutale, voire scatologique. C'est à ce point précis que se révèle l'originalité du roman de Littell, en même temps que le problème éthique qu'il soulève et qui a, dès la parution de l'ouvrage, alimenté de nombreux débats. Car le narrateur montre comment il a été amené à prendre part à des massacres monstrueux en exhibant, précisément, leur monstru-osité. Il dit bien ce qu' « on ne veut pas

---

[5] C'est de la même façon qu'il faut lire la référence à Platon dont la critique dénonce la manipulation – à deux niveaux corrélés, celui de l'argumentation du « je » qui donne et commente la citation, et celui de l'argumentation tacite du narrateur-auteur qui donne à voir la distorsion accomplie par la rationalisation de Aue (p. 97).

savoir ». Ce qui ne peut se dire sans profaner le souvenir des victimes dévoilées dans leur nudité, leurs postures grotesques, les chairs déchiquetées, leur sexe exhibé, leur sang et leur merde. Mais aussi ce qui ne peut se dire sans que fasse irruption sur la scène publique ce que la société, voire les médias contemporains avides de catastrophes, ne peuvent dévoiler sans scandale (il suffit de voir la façon dont sont rapportés aujourd'hui les attentats pour s'en persuader). Il procède à une monstration de la violence insupportable non pas seulement parce qu'elle est insoutenable, mais aussi parce qu'elle menace de susciter une fascination morbide et un voyeurisme dangereux. L'ex-bourreau nazi confronté aux plus épouvantables spectacles ne peut devenir vraiment narrateur de son vécu que s'il est prêt à provoquer le scandale, et à *montrer* publiquement ce que toute civilisation soucieuse de conserver son équilibre et sa raison s'efforce de voiler. Aue avait raison en disant « Vous verrez bien que ça vous concerne ».

Bien sûr, le discours cru et direct de Aue contribue à construire son ethos de bourreau. Dans son utilisation de termes scatologiques, de détails corporels horribles, dans sa manière sans détours de rapporter des spectacles qui le fascinent et le révulsent tout à la fois, le narrateur désireux de poursuivre une quête intransigeante de la vérité – l'une des seules choses auxquelles il dit croire – révèle une personnalité de SS voué au Mal et resté tel qu'en lui-même. Telle est l'une des dimensions argumentatives du discours que construit le narrateur-auteur à l'intention de son lecteur. Mais la représentation qu'il offre de l'ancien SS et la dénonciation dont elle est porteuse suffissent-elles à compenser la transgression que constitue la représentation du refoulé dans la langue crue du bourreau ? Les avis sur ce point sont partagés. Pour ceux qui répondent par la négative, c'est le projet même de Littell, c'est-à-dire le choix de son dispositif d'énonciation et de ce qu'il entraîne quand il est mené jusqu'au bout de sa logique, qui est intolérable et éthiquement condamnable. Il ne serait pas légitime de donner la parole au bourreau – et le lecteur devrait dès l'abord, se refuser à l'écouter, même s'il s'agit d'un discours fictionnel. Comme le rappelle Perelman en citant Churchill, certains locuteurs n'auraient pas le droit de susciter une écoute, premier stade d'un dialogue fût-il polémique (1970 : 22).

Mais passons aux autres modes du récit, et tout d'abord à l'utilisation du discours personnel, dont je ne dirai ici que quelques mots. On aura noté que la description crue d'une réalité atroce permet au narrateur de témoigner de sa propre attitude en changeant de registre : il passe souvent du discours du rapport à celui de la confession. Ainsi lorsque Aue est sommé d'achever les blessés dans le ravin de Babi Yaar :

> Pour atteindre certains blessés, il fallait marcher sur les corps, cela glissait affreusement, les chairs blanches et molles roulaient sous mes bottes, les os se brisaient traîtreusement et me faisaient trébucher, je m'enfonçais jusqu'aux chevilles dans la boue et le sang. C'était horrible et cela m'emplissait d'un sentiment grinçant de dégoût... (2006 : 125)

A travers cette description atroce, le « je » se donne à la fois comme un témoin fiable et comme un homme engagé dans une entreprise monstrueuse qui le dépasse et le révulse – on lui ordonne d'aller achever les blessés dans le ravin qu'il voit ainsi dans toute son horreur : « Moi, j'étais pétrifié, je ne savais pas ce qu'il fallait faire » (*ibid.*). Le style impersonnel cède la place à l'expression du sentiment et au commentaire. Il montre de l'intérieur la façon dont le bourreau a pu réagir aux situations insoutenables auxquelles il a participé : la pétrification, le désarroi, l'horreur, le dégoût, et jusqu'à la perte de maîtrise proche de la folie qu'il décrit à la fin de l'épisode (*op.cit.* : 126). Cela aussi, cela fait partie du « comment ça s'est passé ». En prenant la place du rapport, la relation subjective répond à son tour à une visée testimoniale. L'évocation des sensations et du sentiment fait partie de la réalité dont il faut rendre compte ; mais elle construit aussi un ethos de bourreau en rupture avec celui qui a cours dans la *doxa*. L'image de l'homme plongé dans une situation-limite humainement insoutenable vient contrebalancer le stéréotype du fonctionnaire qui administre la mort avec froideur et impassibilité. Si Aue entend coller à la réalité historique (il y a des archives qui signalent les troubles qui ont affecté les exécutants et les proches témoins des massacres), il humanise en même temps la figure du SS meurtrier. Cette présentation ne vient sans doute pas le disculper, mais elle sollicite de la part du lecteur une empathie dérangeante.

En même temps, le narrateur-auteur continue à interagir avec son public potentiel pour superposer et substituer au point de vue de l'ex-SS le sien propre. Ainsi, par exemple, la précédente description de Aue est suivie dans le texte de l'évocation d'un souvenir d'enfance répugnant, celui de latrines où le protagoniste n'ose pas aller la nuit parce qu'elles grouillent de cafards. L'association des corps massacrés dans le ravin de Babi-Yaar et des cafards fait plus qu'exposer la répugnance dont est saisi le protagoniste : le narrateur-auteur rappelle par ce biais à son lecteur l'assimilation que faisait la doctrine nazie des Juifs à de la vermine. Le discours littéraire retravaille cette allusion en montrant au lecteur, toujours par-dessus la tête du « je », que ce ne sont pas les Juifs, mais la production de masse des cadavres perpétrée par les nazis, qui transforme les humains en matière répugnante analogue à de la vermine.

Passons maintenant à un troisième plan, qui est particulièrement important pour la démonstration, celui du raisonnement à proprement parler. Et en effet, si Aue se distingue à la fois du protagoniste de Merle dans *La mort est mon métier* et du stéréotype du monstre nazi incarné par Eichmann, ce n'est pas seulement parce qu'il utilise un langage cru qui dévoile la vérité des corps violentés. C'est aussi parce qu'il se présente comme un intellectuel, un lettré qui ne se contente pas de décrire les faits. Il les accompagne d'interrogations, de raisonnements, d'exposés argumentés destinés en dernière instance au lecteur, même s'ils semblent participer de son propre questionnement. On trouve ainsi dans le récit des passages qui possèdent une véritable visée argumentative assumée par le narrateur à la première personne. Dans ce cas également, le discours du « je » est à prendre au second degré : une distance se creuse entre les objectifs persuasifs avoués de Aue, et ceux que poursuit sur un mode plus discret le narrateur-auteur. Ce que les lecteurs et les critiques ont souvent tendance à oublier en attribuant, sans plus de procès, à Littell les raisonnements, parfois subtils, de son narrateur.

Ainsi, relatant une réunion au cours de laquelle Blobel annonce aux officiers horrifiés la décision prise par Hitler de massacrer tous les Juifs, femmes et enfants compris, le « je » fait suivre le discours de son supérieur, aux formules empruntées, de son raisonnement propre qu'il se doit, dit-il, d'élaborer seul, bien qu'il éprouve à ce moment du « mal à penser ». Il reprend alors les raisonnements de Blobel pour les accréditer : si la valeur suprême est le *Volk* et que celui-ci est incarné par un chef, la parole de celui-ci (qui ordonne le massacre de tous les Juifs) fait loi. Les prémisses national-socialistes, qui s'imposent dans le vide creusé par l'absence de valeurs religieuses et l'effondrement des valeurs démocratiques, ne sont pas remises en question par le protagoniste. Qui plus est, le narrateur présent les relate telles quelles, sans prendre aucune distance critique par rapport au raisonnement qu'il a pu tenir à l'époque. L'ajout personnel de Aue à l'argumentation de seconde main de son supérieur, c'est que les ordres du Führer ne devaient pas être simplement suivis mais aussi compris et acceptés de l'intérieur, comme le Juif se soumettant à la Loi la sentait vivre en lui. L'analogie avec le judaïsme est utilisée pour légitimer le Nazisme en l'égalant à une religion, d'autant plus justifiée qu'elle reprendrait à son compte la leçon de l'Ancien Testament. Il dit ainsi du Juif, curieusement érigé au rang de modèle : « plus [la Loi qui vivait en lui] était terrible, dure, exigeante, plus il l'adorait. Le national-socialisme devait être cela aussi : Une Loi vivante » (*op.cit.* : 101). Le « je », où le narrateur à la première personne se confond une fois de plus avec le protagoniste, transforme le décret meurtrier en une exigence supérieure liée à un idéal d'absolu calqué sur celui du monothéisme. Tout homme digne de ce nom, sou-ligne Aue, éprouve de l'horreur à tuer, « mais il était pos-sible que cette chose terrible soit une chose nécessaire ; et dans ce cas, il fallait se soumettre à cette nécessité » (*ibid.*).

Je n'ai pas le temps ici d'analyser en détail cette argumentation. Quelques points rapides, cependant. Elle semble constituer à l'origine une délibération intérieure destinée à surmonter le choc provoqué par l'annonce du génocide. Plus d'un demi-siècle plus tard, reconstituée et offerte à l'auditoire sans aucune distanciation, elle acquiert cependant un autre sens. Le narrateur renonce à l'alibi toujours brandi par les nazis de simple obéissance aux ordres. Il donne à cette soumission un sens différent, plus exigeant, qui ne permet pas de se réfugier derrière elle pour se disculper. Ce faisant, il diverge des versions courantes pour montrer qu'un idéal véritable pouvait porter une conduite sanguinaire, que certains SS ont pu, comme lui, se faire de bonne foi le réceptacle d'une mystique nouvelle. Le lecteur se trouve dès lors placé devant un raisonnement qui valide la violence et le meurtre en les comparant à un sacerdoce. S'il est peu pro-bable que le narrateur présent adhère encore à ce point de vue (mais l'abolition de la distance entre les deux « je » reste troublante), il semble le rapporter dans le cadre d'une tentative de comprendre l'incompréhensible à laquelle il associe, bon gré mal gré, le lecteur.

La critique tacite du narrateur-auteur apparaît cependant de façon indirecte dans la manière dont est présenté le raisonnement. Tout d'abord, on l'a vu, il repose sur une pétition de principes, en l'occurrence les valeurs du fascisme auxquelles le lecteur n'adhère pas, et dont celui-ci sait qu'elles ne sont pas non plus celles de Littell. Ensuite, il est clair que l'assimilation de la Loi du *Führer* avec celle de Dieu est scandaleuse pour l'auditoire contemporain, qui ne peut que rejeter d'emblée une argumentation construite sur un tel amalgame. Ce sont donc les modalités du raisonnement qui doivent alerter le lecteur de son aberration. La moins curieuse n'en est pas l'usage d'une analogie avec la Loi juive pour justifier une conduite menant au génocide du peuple juif, ignorant par ailleurs le fait que la Loi gravée sur les Tables défend de tuer. Le discours à visée argumentative construit par la fiction littéraire se déploie ainsi sur un double plan : l'argumentation construite par le narrateur à l'origine pour lui-même, et en l'occurrence pour son lecteur, et celle que le narrateur-auteur présente indirectement au même public à l'insu de Aue.

La question se pose cependant différemment selon qu'il s'agit de la justification visiblement aberrante des meurtres de masse, ou de raisonnements plus nuancés qui participent d'une tentative de comprendre le phénomène des bourreaux nazis. Il arrive que le lecteur se demande à qui il faut faire endosser la responsabilité du discours argumentatif, et dans quelle mesure le discours romanesque demande au lecteur d'y adhérer. Le « je » apparaît en effet comme un être pensant qui non seulement ressent des émotions violentes face à l'horreur qu'il vit, mais aussi s'interroge sur le sens de l'événement. Il ne cherche pas seulement à rationaliser ses choix dans des situations-limite : il porte aussi sur les événements un œil critique et cherche à en explorer les tenants et les aboutissants. Cette dimension de l'ethos du SS n'est pas la moins troublante. A la place du bureaucrate borné, on se trouve devant un être humain capable d'analyse, qui s'interroge sur les voies du Mal dont il a été amené à faire son quotidien. Dans quelle mesure peut-il, sur ce plan, faire adhérer le lecteur à ses vues et amorcer avec lui un dialogue d'égal à égal ? Et quels sont les effets et les enjeux de cette mise en scène romanesque ?

Le « je » construit par exemple une explication de la conduite barbare des soldats et officiers nazis qui vient démontrer que la déshumanisation programmée par le national-socialisme est un objectif impossible. La rage et l'acharnement des bourreaux proviendraient, selon Aue, du fait qu'ils continuaient malgré tout à voir dans les Juifs des humains :

> Leurs réactions, leur violence, leur alcoolisme, les dépressions nerveuses, les suicides, ma propre tristesse, tout cela démontrait que l'*autre* existe, existe en tant qu'autre, en tant qu'humain, et qu'aucune volonté, aucune idéologie, aucune quantité de bêtise et d'alcool ne peut rompre ce lien, ténu mais indestructible. Cela est un fait, et non une opinion. (*Op.cit.* : 142)

Le narrateur met sur le même plan la violence et la dépression suicidaire en les énumérant dans un même souffle, et en les présentant comme des réactions diverses à une même et insoutenable situation. Ce faisant, il s'oppose implicitement aux idées reçues sur le bourreau. Selon Aue, qui rapporte ici ses pensées d'antan (« Je croyais maintenant mieux comprendre les réactions des hommes » (*op.cit.* : 141), les membres de la SS souffrent en accomplissant leur mission « non seulement à cause des odeurs et de la vue du sang, mais à cause de la terreur et de la douleur morale des condamnés » (*op.cit.* : 140). Leur comportement barbare à l'égard des Juifs s'explique précisément par le fait qu'ils reconnaissent en eux une humanité qu'ils tentent en vain de nier, si bien que leur « pitié monstrueuse, incapable de s'exprimer autrement, se muait en rage » qui se retournait contre les victimes (*op.cit.* : 142). Ce raisonnement d'une dialectique quasi-diabolique est offert au lecteur pour le faire adhérer à une double thèse : celle de l'origine de la cruauté des exécutants, et celle d'une humanité inaliénable qui est un « fait, et non une opinion » (*ibid.*).

Que doit penser le lecteur de cette analyse déroutante, et néanmoins subtile et intéressante, du comportement des bourreaux nazis ? Comme dans de nombreux autres cas, Aue se présente ici comme un réflecteur, un analyste intelligent et capable non seulement d'ordonner le réel chaotique dans lequel il est engagé, mais aussi de généraliser, de cataloguer, d'expliquer les choses et les gens, d'approfondir. Sans doute pouvons-nous refuser son raisonnement, le déconstruire – mais jusqu'à quel point sommes-nous soutenus dans cette entreprise par le narrateur-auteur ? En d'autres termes, son argumentation se confondrait-elle ici avec celle du « je » ? La référence intertextuelle semble en l'occurrence permettre une confirmation plutôt qu'une distanciation. Elle renvoie en effet au livre poignant de Robert Antelme, *L'espèce humaine*, qui pose du point de vue des victimes l'impossibilité de nier, comme ont tenté de le faire les nazis, l'humain en l'homme. Ce renvoi est d'ailleurs signalé par Littell lui-même dans une interview avec Richard Millet où il dit que cette réflexion « rejoint un peu les intuitions de Robert Antelme », et la résume en notant : « je pense que c'est mieux dit dans le livre » (*Le débat*, mars–avril 2007, p 21). L'assimilation des points de vue semble confirmée par l'auteur lui-même.

Deux remarques, cependant. La première, c'est que le métadiscours de l'écrivain sur son œuvre ne se confond pas avec ce que dit celle-ci. Et en effet, le récit fictionnel est plus complexe que le commentaire de l'auteur. Tout d'abord, la réflexion du personnage en situation ne produit aucun effet, puisqu'il se contente de méditer sans en tirer aucune conséquence. Son analyse du moment reste stérile, et semble même avoir partie liée avec une curiosité intellectuelle qui l'empêche, de son propre aveu, de se faire muter ailleurs. Mais surtout, le raisonnement est immédiatement suivi d'un paragraphe où les conséquences tirées sont d'un tout autre ordre. En effet, Aue note : « La hiérarchie commençait à percevoir ce fait et à le faire entrer en ligne de compte » (*op.cit.* : 142). En d'autres termes, l'analyse de la situation, si elle mène à l'impossibilité de nier l'humanité de l'autre, débouche chez les nazis, et chez Aue qui le rapporte, sur une autre conclusion : il faut changer les méthodes et remplacer les massacres de masse par balles par des procédures plus discrètes, comme le gazage, tout d'abord par le moyen de camions. Le « je » reconstruit le raisonnement, selon sa coutume, sans aucune distanciation ni commentaire critique.

Ce qui conduit à la seconde remarque. Le « je » mis en scène par le roman peut être à la fois lucide et capable de bonnes analyses, et pervers dans l'utilisation qu'il en fait (ou refuse d'en faire). L'argumentation de Aue peut être à la fois juste, et complètement faussée. En d'autres termes, il peut, d'un côté, éclairer la psychologie des bourreaux dans des analyses qui ne sont pas déconstruites par le narrateur-auteur et portent sa propre vision des choses ; et, de l'autre côté, les manier dans une argumentation que celui n'endosse pas, montrant sans dénonciation aucune comment elles ont été mobilisées dans le projet de Solution finale. Les capacités de réflexion prêtées à Aue ne changent rien à sa représentation en SS pervers et cynique.

Il résulte de ce rapide examen d'un ouvrage extrêmement complexe que l'argumentation mise en place par un discours placé sous le régime de la fiction littéraire possède sa singularité propre. La dimension argumentative y domine :

l'argumentation s'y construit sur des plans superposés qui ne se confondent pas et souvent s'opposent. Tout d'abord, *elle laisse subsister l'impact de la parole du bourreau tout en infiltrant par des moyens indirects le point de vue critique du narrateur-auteur*, confrontant le lecteur aux deux perspectives. Elle inscrit la visée argumentative du «je» dans une trame textuelle où elle est mise à distance, et mise en question ; elle s'autorise également à soutenir et dénoncer tout à la fois les raisonnements du bourreau. Ce faisant, elle ne pose pas une thèse univoque, mais entraîne le lecteur dans une réflexion qui comprend ses tensions et ses apories, privilégiant le mode du questionnement au détriment de l'assertion.

Ce traitement de l'argumentation rendu possible par le dispositif d'énonciation du récit fictionnel à la première personne accompagne un maniement du dialogisme à la croisée de l'interdiscours et de l'intertexte qui caractérise le discours dit littéraire. En effet, le dispositif qui met en son centre une figure maléfique renvoie à un roman comme celui de Robert Merle sur le commandant d'Auschwitz, écrit dans les années cinquante, *La Mort est mon métier*. Il renvoie aussi à d'autres ouvrages centrés sur une figure du mal – on peut remonter au «je» pervers du *Lolita* de Nabokov. La narratologie appelle «narrateurs indignes de confiance» (*unreliable narrators*) ces figures de locuteurs à la première personne avec lesquelles le lecteur doit impérativement, mais non sans difficultés, prendre ses distances critiques, et que l'œuvre de Henry James a plus que toute autre théorisées et popularisées. Le roman se réclame bien ici d'une filiation littéraire, qui s'ajoute à celle qu'il dans la première phrase, dans l'allusion voyante à la « Ballade des Pendus » de Villon («frères humains»), mais aussi au livre d'Albert Cohen qui traite de la découverte de l'antisémitisme par le narrateur enfant (*Ô vous, frères humains*, 1972). Il donne ainsi à voir non seulement ses modèles de narration, mais aussi les modalités intertextuelles, désignées comme littéraires, de sa production de sens.

On peut voir alors comment le discours littéraire se constitue à la croisée de l'interdiscours et de l'intertexte. D'un côté, pour construire le rapport scrupuleux d'Aue, il puise amplement dans le discours du témoignage et de l'historio-graphie au gré d'une impressionnante bibliographie sur la Shoah et les bourreaux nazis (les articles critiques ont tous insisté sur l'immense travail d'érudition de Littell). Il pose le récit fictionnel à la fois en document qui diffuse un savoir sur le passé, et en roman historique qui donne vie à celui-ci en le vulgarisant (au sens noble du terme). D'un autre côté, il s'insère dans un réseau intertextuel qui le situe dans l'espace romanesque en s'inscrivant dans une filiation et en pratiquant des modèles et un mode d'écriture-palimpseste censés caractériser le « littéraire ». En même temps, il fait écho à des ouvrages comme celui de Hannah Arendt (donnée ici à titre d'exemple uniquement) pour s'insérer dans l'espace de la réflexion philosophique sur la Shoah en particulier, et sur le Mal en général. L'intrication des fils tirés de l'intertexte et de l'interdiscours, le croisement des genres, montrent comment le discours littéraire se constitue dans un effort non seulement de faire revivre le passé, mais aussi d'assumer et de transmettre, à sa façon, les hantises de l'Histoire et de la pensée philosophique de notre époque.

On en revient à la situation de discours, mais telle qu'elle est investie par le roman. Le livre, écrit un critique, « n'est pas un témoignage sur l'époque mais une interrogation contemporaine ». Une interrogation complexe qui fait place à tout ce avec quoi le lecteur se trouve confronté : son passé où la Shoah continue à offrir le paradigme d'un Mal qu'on n'en finit pas d'interroger et en même temps ouvre à des interrogations angoissantes sur les massacres du présent, l'horreur et la fascination de la violence, la nécessité de se confronter avec l'horreur et la complaisance coupable qui en découle, la difficulté de distinguer entre l'autre comme incarnation du Mal et le moi et en même temps, la nécessité éthique de ne pas disculper l'assassin abject en culpabilisant tout le monde. En confrontant le lecteur à un narrateur fictionnel dont il faut mettre le discours à distance, et qui par ailleurs ne poursuit pas un objectif de persuasion clair ; en l'exposant à des discours argumentatifs qui se recoupent et s'opposent ; en le projetant dans un espace qui est celui du questionnement, voire parfois de la confusion que provoquent les tensions non résolues, le discours fictionnel lui ouvre le vaste champ des interprétations et le fait entrer en littérature. C'est dans ce sens que le discours littéraire se dote d'une dimension, et non d'une visée argumentative. Il ne répond pas à la question que s'obstine à lui poser une partie des lecteurs et des critiques : que nous dit le livre (« qu'est-ce que l'auteur veut dire »). Il soulève bien plutôt des problèmes de société et des problèmes éthiques qui concernent de très près le public contemporain : « Et puis, ça vous concerne ; vous verrez bien que ça vous concerne » (*op.cit.* : 11)

Jérome Meizoz

CHAMP LITTÉRAIRE ET ANALYSE DE DISCOURS : QUELLES ARTICULATIONS ?

Introduction : la littérature comme élément du discours social

Le *Dictionnaire du littéraire* (Aron *et al.* 2002) et le *Dictionnaire d'analyse du discours* (Charaudeau & Maingueneau 2002) sont tous deux parus en 2002. A les lire en parallèle, on constate que la sociologie historique de la littérature et l'analyse du discours (désormais AD) de tradition française partagent un certain nombre de questions et de notions communes. Toutes deux proposent une conception que l'on peut dire « pragmatique » du discours littéraire.

Les travaux d'Alain Viala, Paul Aron, Ruth Amossy (2005a), Dominique Maingueneau ou Marc Angenot (1989) ont ainsi en commun de considérer la littérature comme un élément du « discours social », en relation constante avec les autres discours qui circulent dans le monde, que l'AD nomme l'« interdiscours ». A la suite de Michel Foucault notamment, ils proposent une théorie du discours littéraire qui récuse l'ancienne conception du sujet comme isolat et du projet de création comme émanant de sa seule intériorité. Dominique Maingueneau dans *Le Discours littéraire* (2004) emprunte et reformule certains éléments de la sociologie du champ littéraire telle que l'a proposée Pierre Bourdieu dès 1966, tout en critiquant certains éléments de cette théorie. Maingueneau comme Bourdieu insiste sur le fait que le discours littéraire relève de faits d'institution et de dispositifs de parole, à penser relationnellement et historiquement.

L'analyse du discours rompt donc avec la vision psychologisante et singularisante de disciplines comme la stylistique ou la critique thématique :

> Considérer le fait littéraire comme « discours », c'est contester le caractère central de ce point fixe, cette origine « sans communication avec l'extérieur », pour reprendre une célèbre formule du *Contre Sainte-Beuve* de Proust, que serait l'instance créatrice. C'est renoncer au fantasme de l'œuvre en soi, dans sa double acception d'œuvre autarcique et d'œuvre au fond de la conscience créatrice ; c'est restituer les œuvres aux espaces qui les rendent possibles, où elles sont produites, évaluées, gérées. Les conditions du dire y traversent le dit et le dit renvoie à ses propres conditions d'énonciation (le statut de l'écrivain associé à son mode de positionnement dans le champ littéraire, les rôles attachés aux genres, la relation au destinataire construite à travers l'œuvre, les supports matériels et les modes de circulation des énoncés…). (Maingueneau 2004 : 34)

Spécialiste de littérature contemporaine, Philippe Roussin déplore également que les esthétiques formalistes reconduisent la mythologie romantique. Il signale leurs lacunes quant à la dimension socio-historique de la littérature :

Les poétiques et les esthétiques du XXe siècle placent l'œuvre et l'expérience littéraire sous le signe de l'expressivité, de la singularité en même temps que de la réflexivité. Elles s'exemptent du problème du lien entre la littérature et l'histoire tout en butant, de manière continue, sur la question de la nature des rapports de la littérature, ce discours de la singularité, aux autres discours et aux lieux communs de ces autres discours. (Roussin 2005 : 42–43)

L'historien Ivan Jablonka, qui a étudié l'enfance de Jean Genet à l'Assistance note de même :

> Les historiens et les sociologues ont du mal à rendre compte de la spécificité et de la force des œuvres littéraires. Mais faut-il pour autant les chasser de la partie ? « L'histoire ne nous dira jamais ce qui se passe dans un auteur au moment où il écrit », écrit Barthes étudiant Racine. Ce n'est pas si sûr : elle peut déjà dire pourquoi il écrit telle œuvre hic et nunc et ce qu'elle signifiait pour ses contemporains. Elle peut montrer que l'écriture est en soi un processus d'adaptation sociale et non de résistance (Sade étant l'exception). La reconstitution de l'horizon d'attente initial, pour parler comme Jauss, permet d'éviter un certain nombre de contrevérités. Enfin, l'historien, comme un archéologue, met au jour les veines discursives qui, empruntées par l'écrivain à d'autres champs de savoir et d'expression (l'agrarisme, la langue officielle de l'école primaire, l'argot parisien, le roman populaire, la chronique d'histoire, le fait divers journalistique, l'expertise psychiatrique, le procès judiciaire, le rapport pénitentiaire, l'imaginaire politique du nazisme ou de la contre-révolution), traversent son œuvre de part en part — ce qui ne signifie pas qu'elle soit un patchwork sans originalité et sans unité. Toutes ces considérations, minimes peut-être au regard de l'analyse mais épistémologiquement importantes, contrebalancent les sempiternelles déclarations d'indépendance que les critiques littéraires attribuent faussement à l'écrivain en parlant de « son » style, de « sa » vision du monde, de « son » univers ou de « sa » philosophie de l'existence. (Jablonka 2004 : 411)

Afin de dépasser les apories de la « singularité » dénoncées aussi bien par Maingueneau, Roussin et Jablonka, les linguistes recourent à la notion de « champ discursif » – utilisée au sens de Bourdieu – qu'ils définissent comme le lieu

> où un ensemble de formations discursives (ou de positionnements) sont en relation de concurrence au sens large, se délimitent réciproquement : par exemple les différentes écoles philosophiques ou les courants politiques qui s'affrontent, explicitement ou non, dans une certaine conjoncture, pour détenir le maximum de légitimité énonciative. (Charaudeau & Maingueneau 2002 : 97)

Les sociologues de la culture, de leur côté, accordent aujourd'hui une importance renouvelée aux conditions de production des discours, et leurs formes et logiques propres, sans plus considérer les discours comme un épiphénomène, un reflet, ou un résidu des structures sociales[1]. Se dégagent alors quelques points communs à ces approches.

Premièrement, une assertion est donc commune à l'AD et à la sociologie du champ littéraire : la littérature en tant que « discours » n'émane pas sans médiation d'une seule intériorité cachée, d'une puissance créatrice autophage et isolée en sa tour d'ivoire, mais relève au contraire en bonne part d'« effets d'institution » (Viala 1993 : 149 et 191). Alain Viala pourrait ainsi sans peine contresigner cette proposition de Maingueneau :

> Une analyse du discours littéraire est contrainte d'introduire le tiers de l'Institution, de contester ces unités illusoirement compactes que sont le créateur ou la société : non pour affaiblir la part de la création au profit des déterminismes sociaux, mais pour rapporter l'œuvre aux territoires, aux rites, aux rôles qui la rendent possible et qu'elle rend possibles. (Maingueneau 2004 : 77)

---

[1] Voir Viala 1993 ou Sapiro 1999.

Conséquence de ce premier point, l'analyse du discours et la sociologie du champ littéraire essuient toutes deux des critiques de la part de spécialistes des formes littéraires (stylistique, etc.) : celles notamment de ne montrer que le fonctionnement global, du dehors ou d'en haut, des cadres communicationnels ou du champ, et de rester sourdes à la singularité d'un style, d'une œuvre, d'une création. Donc de n'exprimer que les effets de convention, de stéréotypie, et jamais ce qui ferait l'unicité d'une œuvre.

On verra au contraire comment le détour par les logiques collectives permet justement de saisir ce qu'une œuvre peut avoir de plus singulier. Bourdieu notait : « La sociologie ou l'histoire sociale ne peut rien comprendre à l'œuvre d'art, et surtout pas ce qui en fait la singularité, lorsqu'elle prend pour objet un auteur et une œuvre à l'état isolé.» (Bourdieu 1984: 212).

Après avoir donné quelques éléments d'introduction à la sociologie du champ littéraire (point I), je mobiliserai la notion de « posture » d'auteur (point II), afin de signaler les articulations possibles entre l'analyse du discours et la sociologie des champs.

Le « champ littéraire »

Théorie des champs

Dès la fin des années 1960, Pierre Bourdieu formule une « théorie des champs », « modèle »[2] général à adapter à divers terrains (l'épiscopat et le patronat français, la haute

---

[2] « La notion de modèle, si elle est prise au sérieux, permet d'éviter le «paralogisme fondamental qui consiste à donner le modèle qui rend raison de la réalité pour constitutif de la réalité décrite, en oubliant le « tout comme si » qui définit le statut propre au discours théorique. » (Bourdieu 1987 : 127).

couture, la consommation, etc.) dont celui des pratiques culturelles et des « biens symboliques ». Dès 1966, plusieurs textes méthodologiques[3] posent alors les principes de ce qui se déclinera en 1992 dans *Les Règles de l'art*[4].

Ni Sartre, ni Lévi-Strauss

D'une part, Bourdieu développe le concept de « champ intellectuel » contre le subjectivisme de la philosophie sartrienne de la liberté, et pour dépasser sa notion de « projet créateur » enfoui dans une intériorité singulière, à l'aide de laquelle, non sans un finalisme problématique, Sartre explique Baudelaire et Flaubert. D'autre part, contre l'objectivisme structuraliste de Lévi-Strauss, le modèle bourdieusien réintègre l'historicité et le sujet, sous la forme d'un « agent » social doté d'un passé propre et de dotations culturelles (capitaux) qui le prédisposent à une maîtrise plus ou moins complète de la tradition spécifique, à tels choix de genres et de formes présents ou possibles dans le champ.

Si le sujet fait retour sous le nom de « producteur » ou d'« agent » plutôt que d'« auteur », c'est pour souligner que l'individu créateur ne trouve pas en lui seul tous les motifs et

---

[3] « Champ intellectuel et projet créateur », *Les Temps modernes*, no. 246, 1966, « L'économie des biens symboliques », *L'Année sociologique*, 1971. Cf. Y. Delsaut & M.-Ch. Rivière, *Bibliographie des travaux de Pierre Bourdieu 1955–2002,* Le Temps des cerises, 2002.

[4] « Le champ littéraire », *Actes de la recherche en sciences sociales*, no. 89, 1991. L'intérêt théorique de la sociologie du champ littéraire est de ne pas dissocier, comme le fait la démarche de Robert Escarpit (1958, 1970) ou, à l'opposé, celle de la sociocritique (Duchet 1979), les deux disciplines que distingue la tradition allemande après Erich Köhler: *Soziologie der Literatur* (portant sur l'aspect institutionnel et quantitatif de tout ce qui n'est pas le texte, par exemple le travail d'Escarpit) et *Literatursoziologie* (étant quant à elle une des sciences de la littérature (« Literaturwissenschaft »), telle que l'envisagent Duchet ou Zima (1985)), et donc du texte. Cf. J. Leenhardt, « Sociologie de la littérature », *Encyclopedia universalis*, 1989.

raisons de son travail et que sa visée ne sort pas toute armée d'une inspiration singulière, conformément à l'imagerie romantique. Même si sa forme concrète s'actualise par le biais d'une personne (Flaubert, par exemple, dont Bourdieu décrit la trajectoire), le « projet créateur » se constitue au contraire dans (et par) un espace social précontraint, appelé « champ ».

Champ (magnétique)

Empruntée à la physique, la notion champ est un modèle : chaque point du champ (agent ou institution) s'y définit en relation avec tous les autres points (ou « positions » objectives : revue d'avant-garde, académicien, jeune poète de la bohème, etc.).

Positions & prises de position

Toute pratique sociale (littérature, politique, économie, etc.) fait sens avant tout dans un champ et par rapport à lui. Ainsi chaque « position » d'écrivain (selon son crédit, sa maîtrise culturelle, son statut) le prédispose-t-elle à des « prises de position » différenciées dans le champ (choix du genre, des formes et modèles intertextuels, etc.).

Autonomie & hétéronomie

Le champ littéraire oscille, au cours de son histoire, entre un statut hétéronome et autonome. Hétéronome : littéralement, qui reçoit sa norme d'un autre. La pratique littéraire est soumise aux normes des champs voisins (politique, religieux). C'est l'état type sous la Monarchie française (censure, écrivains embastillés). Autonome : littéralement, qui se donne sa propre norme. La littérature se donne ses propres règles de l'art, art pur, cohérence esthétique, auto-référentialité de Gautier à Mallarmé puis Blanchot). L'« autonomie » du littéraire est une conquête historique qui trouve sa pleine formulation, en France, à la fin des années 1850 avec Flaubert et Baudelaire, Manet en peinture. Des exemples : les procès faits à *Madame Bovary* ou aux *Fleurs du Mal,* 1857 pour « immoralité » ; Flaubert désireux de rédiger un roman qui tienne « par la seule force interne de son style» ou « le style étant à lui tout seul une manière absolue de voir les choses » (lettre à Louis Colet, 16 janvier 1852) ; Zola, dans la préface de *L'Assommoir* en janvier 1877 : « Une phrase bien faite est une bonne action ». Zola résorbe dans la forme même du roman toute moralité prétendant s'imposer de l'extérieur au texte. Structurellement toutefois, selon Bourdieu, quelle que soit l'autonomie atteinte, le champ littéraire demeure toujours peu ou prou, sous l'emprise du champ politique au sein duquel il joue un rôle symbolique (constitution, légitimation ou critique de représentations sociales).

L'espace des possibles

Un nouvel écrivain entre dans un champ littéraire où coexistent conflictuellement des « positions » établies, des modèles traditionnels, des problématiques à la mode (état d'un genre, débats sur la versification, le style, etc.). Ces débats constituent un espace des possibles littéraires (génériques, thématiques, stylistiques, etc.), historiquement variable, et toujours en équilibre instable : l'espace des possibles peut être investi ou contesté par les nouveaux entrants du champ, porteurs et importateurs de possibles neufs (styles nouveaux, créations transgénériques, recours à des modèles extranationaux introduits par la traduction, etc.).

Trois étapes dans l'étude du champ littéraire

Bourdieu suggère d'enquêter en trois temps, selon des niveaux de causalité sociologique : 1) d'abord observer les rapports du champ littéraire avec le champ du pouvoir, 2) étudier ensuite la structure du champ littéraire, et ses enjeux 3) décrire enfin les habitus des agents impliqués (écrivains, critiques, professeurs, grammairiens, etc.) et leurs capitaux (social, économique, culturel, symbolique).

De là, passant au texte littéraire, Bourdieu postule alors une homologie entre la structure du champ et celle (interne) des œuvres. D'où la formule éclairante de Viala :

> L'œuvre ne parle pas directement du social, ni ne parle directement à la société, mais elle parle selon ce que les structures du champ, au moment de son énonciation, permettent, imposent et interdisent. […] La logique du champ se manifeste aussi dans la facture même de l'œuvre.»
> (Viala & Molinié 1993 : 196)

L'exception dans la série

L'exceptionnalité d'une œuvre n'a de sens que par rapport à la série où elle s'inscrit. Il s'agit de restituer les conditions concrètes de possibilité d'une innovation littéraire sur fond de la production moyenne d'une époque (Boschetti 2001). Ensuite seulement, analyser l'œuvre « exception-nelle » et reconstruire son rapport distinctif aux autres propositions littéraires passées et présentes. Pour ce faire, Bourdieu propose une méthode : le chercheur doit se replacer, par reconstruction des documents, le « point de vue de l'auteur ». Par exemple, la perception qu'avait Flaubert de l'espace du roman en 1857, et sa volonté de rejeter simultanément le roman réaliste (Duranty) et la tradition roman-tique.

La théorie des champs récuse les formalismes

Bourdieu récuse le formalisme, comme théorie interne de la littérature. L'innovation littéraire, autrement dit, n'est pas le fait d'une histoire immanente des formes, ni de la seule créativité individuelle, comme le fait remarquer également Maingueneau (2006). Le champ littéraire, loin de l'image pacifiée qu'en donne le canon scolaire, est avant tout un lieu de conflits. L'innovation naît de la lutte collective pour l'émergence de formes légitimes, du conflit distinctif entre des positions établies (« académisme » ou orthodoxie) avec les dispositions souvent « hérétiques » des nouveaux producteurs, issus d'autres formations ou expériences.

La théorie des champs suppose une pragmatique du discours littéraire

Elle refuse de rapporter la signification des textes « au seul fonctionnement automatique et impersonnel du langage » (Chartier 1998), mais bien aux contextes de production et de réception. Elle interroge le processus global par lequel des textes, dotés d'une unité formelle propre, et conditionnés par leurs supports techniques (imprimerie, internet, etc.) et leurs codes génériques (genres du discours) atteignent des lecteurs divers et toujours différés dans le temps qui en construisent des significations selon leur situation et leurs catégories de lecture (Viala & Molinié 1993).

Critiques adressées à ce modèle

Diverses critiques adressées au modèle des champs méritent attention, dans la mesure où elles ont amené la recherche actuelle à le reconsidérer profondément. Citons-en les cinq principales, sans y répondre ici :

(a) universalité problématique du modèle, élaboré à partir du cas français (Viala & St-Jacques 1994) ;

(b) tendance déterministe du modèle, et faible prise en compte du sens (ou « justification ») que les agents donnent à leurs actes (Heinich 1998) ;

(c) réduction des œuvres à une « stratégie sociale » de l'écrivain (Compagnon 1998). Lecture réductionniste de la notion de « stratégie », que Bourdieu a abandonné pour « illusion » ;

(d) « dominocentrisme » incontrôlé des valeurs littéraires qui reconduirait les jugements dominants sur la littérature, notamment sur le « génie » de Flaubert, topique critique ininterrogée par Bourdieu, donc, sous-estimation des auteurs et genres dits « mineurs » dans les corpus de recherche ;

(e) enfin, critique venue des études littéraires : Bourdieu ne proposerait guère d'analyses dans le « détail du texte »[5], demeurant en général à trop bonne distance de celui-ci (pas de sociologie du détail formel). Sans doute le rejet du formalisme incitait-il le sociologue à tordre le bâton dans l'autre sens et à placer ainsi *le close reading* en second plan.

En guise de synthèse, je reprends trois points où s'accordent l'AD et la sociologie des champs. D'abord, la notion de « genre » littéraire est pensée comme une relation sociale, la « hiérarchie des genres » déterminant à chaque moment du temps la valeur et les stratégies de changement des écrivains « hérétiques » ; ensuite, la notion d'« auteur », Bourdieu préfère celle d'agent ou producteur, de façon à

---

[5] Reproche classique fait à la sociologie de la littérature dès Goldmann : déplorant que la sociologie néglige trop « la surface verbale de l'œuvre », Barthes invitait en 1963 à la création d'« une sociologique » des formes collaborant avec la sémiologie (« Les deux sociologies du roman », *France-Observateur*, 5 décembre 1963, Œuvres complètes, I, Seuil, 1994, p. 1147).

rompre avec l'idéologie du sujet créateur et à considérer le « discours » comme un acte traversé par l'institution et ses codes (genres, topiques, clichés, doxa) ; enfin, les discours désignés comme littéraires gagnent à être étudiés en parallèle à d'autres discours dévolus à débattre de problématiques proches (politiques, scientifiques, etc.). Par exemple : l'innovation romanesque de 1919–1939, en France, à savoir le « roman parlant » (Meizoz 2001). Les styles de Céline, Queneau, Ramuz ou Cendrars ne dévoilent leurs enjeux que lorsqu'on les confronte à l'interdiscours en conflit sur le statut contemporain de la langue parlée/écrite : linguistes, grammairiens, critiques, écrivains.

Les « postures » d'auteur

J'en viens à la deuxième partie de mon exposé, consacrée à la notion de « posture » d'auteur. Sur un plan méthodologique, cette notion me permet d'articuler l'analyse du discours et la sociologie. En effet, une « posture » d'auteur participe simultanément d'un fait linguistique et d'un fait institutionnel.

Qu'entend-on par « posture » ?

Depuis quelques années maintenant, la notion de « posture » d'auteur a été conceptualisée dans les études litté-raires. Je lui ai accordé une place centrale dans mes ouvrages récents (2001, 2003, 2004, 2007). C'est Alain Viala qui l'a définie le premier :

> Il y a plusieurs façons de prendre et d'occuper une position ; on peut, par exemple, occuper modestement une position avantageuse, ou occuper à grand bruit une position modeste... On fera donc intervenir la notion de posture (de façon d'occuper une position.) [...] En mettant en relation

[la] trajectoire [d'un auteur] et les diverses postures […] qui s'y manifestent, on dégagera la logique d'une stratégie littéraire. (Viala 1993 : 216–17)

Pour Viala, la « posture » est une notion étendue, la « manière (générale) d'être (d'un) écrivain » (*ibid.*), à penser relationnellement à sa trajectoire, comme élément d'une « stratégie ». Prenons un cas exemplaire, en décrivant trois versions de la posture d'auteur manifestée par Louis-Ferdinand Céline (1894–1961).

(1) Dès son premier roman, *Voyage au bout de la nuit* (1932), L.-F. Céline impose une posture du médecin « pauvre », médecin des pauvres, étranger au monde bourgeois et condamné au travail. Sa posture englobe ses conduites devant la presse (recevoir les journalistes au dispensaire de banlieue, en blouse blanche) ainsi que son énonciation romanesque (inventer une langue explicitement « antibourgeoise » pour dire le monde du point de vue des dominés, car il s'agit de « rester sur le plan populaire »[6]. Cette posture d'énonciation orale-populaire, lui permet un « positionnement » singulier au cœur des débats de 1932 : en effet, l'espace des possibles du roman de ces années est traversé par un débat entre communistes, prolétariens et populistes sur les modes d'écriture du « populaire ». Chaque romancier est poussé à se situer dans ce débat par ses choix formels et donc posturaux.

(2) Dans ses pamphlets antisémites (1937–1941), Céline reconduit cette posture première, et la nourrit d'éléments nouveaux : le « je » pamphlétaire se présente en écrivain du parler « franc » (par quoi il entend aussi : authentiquement français), en médecin « pauvre » (d'origine modeste, il vit du fruit de son travail en banlieue), enfin en homme persécuté par la critique « enjuivée » et le milieu littéraire majoritairement bourgeois, juif ou communiste. Cette

---

[6] Voir Meizoz 2001.

présentation de soi s'articule à une poétique nationaliste et ouvertement raciste (formulé dans *Bagatelles pour un massacre*, 1937), hostile à toute forme de cosmopolitisme littéraire et à l'idée d'une « littérature mondiale ». Là aussi, c'est un positionnement distinctif dans un champ littéraire en phase de politisation rapide.

(3) Après-guerre, exilé, condamné puis amnistié, Céline reprend l'écriture dans un champ littéraire entièrement bouleversé, à la Libération. En 1955, dans les *Entretiens avec le Professeur Y*, il présente une troisième version de sa posture initiale : il demeure un « pauvre » homme qui parvient à peine à vivre de son travail, mais il se décrit alors comme un bouc émissaire, un « paria pourri » rejeté de tous[7]. Cette posture de victime vertueuse emprunte alors explicitement à la condition des écrivains exilés (Chateaubriand), aux vic-times de la Terreur (Chénier) ou aux scientifiques injustement brimés (Galilée, et Semmelweis). A une telle posture s'articule alors une nouvelle version de sa poétique, adaptée au régime du dicible dans le champ littéraire de l'Epuration. On la qualifiera de poétique épurée : Céline s'y décrit toujours en artisan pauvre, travailleur acharné du langage, « styliste » pur. Mais désormais plus de trace d'assertions politiques comme dans les pamphlets. Le primat du « style » s'exerce cette fois contre les « idées » : « Je n'ai pas la prétention d'apporter un message. Non, non et non. [...] Je suis un technicien, un styliste, un point c'est tout... »[8]. Cette troisième posture a valeur de positionnement contre la littérature engagée (Sartre) et les communistes, alors maîtres du champ littéraire.

---

[7] Lettre à Milton Hindus, 19 mars 1947, Cahiers de L'Herne, *Céline*, 1989, Le Livre de Poche, p. 379.

[8] Entretien avec Madeleine Léger, 23 juillet 1954, *Céline et l'actualité littéraire 1932–1957*, *CC1*, Gallimard, 1976, p. 157.

Eléments de définition

Une « posture » met en scène, de manière singularisante, la « position » et la trajectoire de l'auteur dans le champ littéraire [9]. Après reconstruction de la position, on peut observer comment une « posture » la rejoue ou la déjoue. Le pseudonyme, ici celui de Céline, illustre ce phénomène. L'image publique de l'auteur peut s'autonomiser de ses coordonnées civiles, comment en atteste, à la limite, la pratique du pseudonyme. Si fréquent dans tous les arts, le pseudonyme n'est pas seulement une précaution contre la censure, ou un appel à la curiosité publique, mais un indicateur de posture. Il marque une nouvelle identité sur la scène d'énonciation littéraire, distincte de celle donnée par l'état civil. On entend donc par posture une façon de faire face, comme on dit, littéralement : faire (bonne ou mauvaise) figure aux avantages et désavantages de la position qu'on occupe dans le champ littéraire[10]. La posture n'est signifiante qu'en relation avec la position réellement occupée dans l'espace des positions du moment. La posture constitue l'« identité littéraire » co-construite par l'auteur lui-même, et les médias qui la relaient vers le public[11]. En ce sens, elle résulte d'une interaction et d'une co-construction de la part de l'écrivain et de toute l'institution littéraire.

La posture comme conduite et comme discours. La posture a une double dimension, en prise sur l'histoire et le langage : simultanément elle se donne comme une conduite et un discours. C'est d'une part la présentation de soi, les conduites publiques en situation littéraire (prix, discours,

---

[9] Je m'inspire de l'usage qu'en fait, après Bourdieu, Viala 1993 : 216.

[10] Sur la conception du « jeu » littéraire comme alternative au « champ » voir Lahire 2006 et notre recension de cet ouvrage, sur <www.revue-contextes.net>.

[11] Philippe Roussin, *Misère de la littérature, terreur de l'histoire. Céline et la littérature contemporaine*, Paris, Gallimard, 2005, p. 24.

banquets, entretiens en public, etc. C'est d'autre part, l'image de soi donnée dans et par le discours, ce que la rhétorique nomme l'ethos (image de l'énonciateur construite dans et par les textes). Pour agir sur l'auditoire, l'orateur ne doit pas seulement disposer d'arguments valides (maîtriser le logos) ni produire un effet puissant sur lui (le pathos), mais il lui faut aussi « affirmer son autorité et projeter une image de soi susceptible d'inspirer confiance »[12].

Dans l'acception que je donne, la posture inclut donc l'attitude énonciative ou « ethos » rhétorique. Nous avons eu un débat à ce sujet avec D. Maingueneau, qui inclut justement dans la notion d'« ethos » ce que je propose de nommer « posture ». Après échange de vues, Maingueneau propose cette formule de « compromis » qui me convient : « L'ethos serait attaché à chaque texte et la "posture" serait plutôt l'ethos attaché à l'ensemble de l'œuvre et des attitudes de l'écrivain dans le champ littéraire »[13].

Posture et poétique

Une posture s'articule à une esthétique littéraire : l'image de soi donnée par un auteur est à mettre en relation avec sa conception de l'écriture. La figure de l'orateur, sa manière de prendre la parole, les ressources rhétoriques, stylistiques ou génériques qu'il mobilise sont à penser d'un même tenant comme une façon d'imposer un ton inséparable des contenus discursifs. Par exemple : le ton dénonciatoire de Céline dans les pamphlets : se présente comme « seul contre tous » dans une société en décadence, détenteur d'une parole violente et vraie : « Je vous le dis tel quel »[14]. L'ethos de Céline constitue le masque formel qui embraye sa position

---

[12] Ruth Amossy, « Ethos », in Aron *et al.* 2002 : 200–01.

[13] D. Maingueneau, courriel du 22 septembre 2007.

[14] *Bagatelles pour un massacre*, Paris, Denoël, 1937, p. 81.

énonciative et la réfère à l'ensemble du discours social (reprises de for-mules de la presse fasciste, de tracts antisémites, etc.).

Posture et mémoire du champ

Une posture se réalise à la cheville de l'individuel et du collectif : variation singulière sur une position, elle ne se rattache pas moins à un répertoire présent dans la mémoire des pratiques littéraires. Les écrivains sont socialisés à la pratique littéraire par référence à des grands ancêtres (récits fondateurs, biographies exemplaires) auxquels ils empruntent des croyances, des motifs, des formes et des postures. La mémoire du champ propose une série de postures qui ont fait face à de graves crises littéraires. Par exemple, la posture de l'écrivain-citoyen, qui en appelle au profane (le grand public) pour légitimer sa prise de position bien au-delà du milieu littéraire, comprend un certain nombre de traits récurrents de Voltaire (L'Affaire Calas, 1762) à Zola («J'accuse», 1898) puis de Barbusse à Nizan et enfin Sartre. De même la posture du génie malheureux, chez les Romantiques, a-t-elle des ancrages très anciens dans l'imaginaire social européen.

Autre exemple : la posture d'humilité vertueuse adoptée par Jean-Jacques Rousseau dans divers textes aura un immense succès mimétique après la Révolution française, jusqu'à Vallès, Péguy ou Céline (je renvoie ici à mon ouvrage *Le Gueux philosophe* 2003). La posture de Rousseau consiste à prendre la parole en tant qu'étranger, autodidacte, pauvre et sincère (dans un espace intellectuel régi par la Cour) pour dire aux puissants des vérités de cœur concernant leur injuste domination, est bien connue. Elle ne se comprend toutefois qu'en référence à deux discours sociaux antérieurs : le discours chrétien de la *sancta paupertas* d'une part, et le discours philosophique, qui exalte en Socrate ou Diogène des penseurs rejetant honneurs et fortune afin d'énoncer des vérités pénibles à entendre. Rousseau ne crée donc pas sa posture : il adapte et compose avec un imaginaire déjà présent, connu des lettrés de son temps : Socrate est une figure très citée au XVIIIe siècle, que Diderot et d'autres veulent imiter. C'est d'ailleurs en référence à un mimétisme postural que Voltaire traite Rousseau de « singe » ou « bâtard » de Diogène...

Posture et champ

C'est dans le champ artistique concerné, et selon ses enjeux du moment, que la posture fait pleinement sens. Son actualisation dépend de caractéristiques sociales : une posture, en somme, c'est la manière dont l'habitus et les dispositions s'actualisent dans une position. En outre, elle s'exerce en général en relation avec d'autres postures (par imitation, inversion, parodie, etc.). Par exemple : Louis-Ferdinand Céline, plus tard Annie Ernaux ou l'auteur de romans noirs Jean-Bernard Pouy raillent en termes très proches la posture d'observateur esthète de Proust, quand Marcel s'émerveille du français populaire de Françoise ; Sartre démonte la posture d'énonciation omnisciente, le point de vue de Dieu, dans les romans de Mauriac. Autre exemple : la posture de Michel Houellebecq fait apparaître un nouvel état du champ littéraire contemporain : toute une jeune génération d'écrivains nés dans l'ère de la culture de masse (Angot, Beigbeder, Nothomb, Donner, Despentes ou Houellebecq), assument désormais pleinement la mise en scène publique de l'auteur à travers les fréquentes polémiques portant sur leur personne et leurs écrits. L'échange littéraire s'étant peu à peu calqué sur les exigences de la publicité et de l'image, ces mises en scène sont devenues partie intégrante d'une nouvelle manière d'envisager l'existence publique de la littérature. Dans cet univers du spectacle, toute référence à un quelconque for intérieur est obsolète[15]. Selon une technique empruntée à l'art contemporain, ces auteurs surjouent la médiatisation de leur personne et l'incluent à l'espace de l'œuvre : leurs écrits et la posture qui les fait connaître se donnent solidairement comme une seule performance.

Posture et fiction

Si un choix postural se lit plus aisément dans des textes autobiographiques, la posture d'un auteur peut se manifester aussi, de manière plus oblique, dans ses textes de fiction. En effet, que dire des narrateurs et des personnages romanesques ? On sent bien que Julien Sorel et Fabrice del Dongo sont deux projections dans l'univers fictionnel de quelques traits (contraires, d'ailleurs) d'Henry Beyle alias Stendhal[16] ; que Saint-Preux incarne l'idéal humain de Rousseau ; que le neveu de Rameau arbore à la taverne toute l'insolence philosophique de Diderot, etc. Mais dans la fiction, les médiations sont complexes, et les personnages délégués. On ne peut leur attribuer sans précaution une posture relevant de l'auteur puisqu'en quelque sorte l'auteur s'est diffracté en eux, usant de doubles et d'opposants. Ainsi, la posture de Rousseau doit beaucoup à ses œuvres de fiction : de son vivant, c'est surtout *Le Devin du village* (1752) et *La Nouvelle Héloïse* (1760) qui ont fait connaître au public la posture de Rousseau. Les lectrices et lecteurs

---

[15] Il ne s'agit pas de disculper Michel Thomas des opinions professées sur l'Islam ou le tourisme sexuel, mais de montrer que celles-ci font sens d'abord dans le champ littéraire. Je laisse de côté par décret les opinions politiques de Michel Thomas, qui ne m'intéressent pas, dans tous les sens du terme... Le problème se posait avec Louis-Ferdinand Céline : les critiques qui ont traité *Bagatelles pour un massacre* comme un jeu verbal tendaient à minimiser l'impact idéologique des pamphlets. Dans le cas de *Plateforme* notamment, j'entends que nul n'a accès au for intérieur de Michel Thomas.

[16] Cf. Dubois 2007.

identifient explicitement Saint-Preux à Rousseau : homme sans fortune, sensible, errant et souvent malheureux. De même distingue-t-on aisément dans *Le Devin* les personnages incarnant les valeurs professées par Rousseau : pauvreté, simplicité heureuse, rusticité. Par un effet étrange de retour de l'œuvre sur la personne, on peut se demander si le Rousseau des *Confessions* ne doit pas confirmer ensuite, dans son autobiographie (après 1769), la lecture biographique que certains lecteurs ont faite de ses fictions.

Posture et public

C'est par rapport à un auditoire donné que la posture fait sens. Lorsque Louis Destouches, alias Louis-Ferdinand Céline, accorde un entretien à la presse ou à la radio, c'est l'écrivain qui s'exprime, c'est-à-dire la fonction et le personnage, et non seulement la personne civile. Il faut signaler ici un effet rétroactif de la posture: la posture adoptée, comme mise en scène publique du soi-auteur, peut avoir un effet en retour sur celui-ci, lui dictant alors des propos et des conduites générées tout d'abord par le choix postural. Ainsi, Céline ou Houellebecq mettent en scène une posture discursive dans leurs romans, et la reproduisent ensuite à titre d'acte public, lorsqu'on les interpelle en tant qu'auteurs, brouillant ainsi la frontière entre auteur et narrateur : en ce cas, tout se passe comme si la posture discursive adoptée comme parti pris littéraire de départ dictait après coup leur conduite publique. Selon M.-Ch. Bellosta, là se trouve également une explication de la dérive politique de Louis-Ferdinand Céline : « Sans doute a-t-il suffi que l'auteur se prenne pour son personnage, entrant dans l'engagement politique en conservant le point d'optique du narrateur romanesque » (1990 : 130).

L'option littéraire commande alors, en quelque sorte, le comportement social... Jean Starobinski dit que la vie de

Rousseau est une « fiction vécue » : Rousseau a créé dès son premier *Discours* (1750) un ethos énonciatif (sincérité, vérité, audace) auquel il s'est ensuite conformé dans ses conduites publiques et dans ses œuvres (*Les Confessions*) (1971 : 9).

Pour conclure

Loin de reproduire simplement les contraintes objectives pesant sur l'auteur, la posture rejoue sa position et son statut dans une performance (discours et conduite) qui se veut repositionnement dans le champ littéraire. Ainsi, tout le récit de voyage de Blaise Cendrars intitulé *Bourlinguer* (1949) met en scène une figure d'auteur en baroudeur-voyageur-autodidacte, aux valeurs anarchistes-individualistes, et ceci en contre-pied explicite à la littérature existentialiste en vogue. Cendrars crée une image d'auteur aux antipodes de Sartre, ce « professeur » qu'il méprise pour des raisons politiques et littéraires (Meizoz 2007).

La théorie des champs de Bourdieu a peu développé l'analyse des formes et ne s'est pas risquée à ce que Bakhtine appelait la « sociologie des styles » dans son *Esthétique et théorie du roman*. Tout en prolongeant la démarche de Bourdieu, une étude de posture peut s'avérer utile, parce qu'elle articule l'état du champ et les choix discursifs des auteurs. La position dans le champ, les options esthétiques et les techniques formelles d'un auteur gagnent à être décrites relationnellement à l'ethos discursif de ses écrits.

Julien Schuh

COMMUNAUTÉ ET COMMUNICATION SYMBOLISTES AU DÉBUT DES ANNÉES 1890

La littérature symboliste est fondée sur une idée centrale, celle de suggestion. Mallarmé et ses disciples critiquent l'idée de reproduire dans un texte la réalité matérielle, de tenter de dupliquer le monde par la parole : le but de l'art consiste au contraire selon eux à suggérer les idées et les sentiments que produisent les objets sur nous[1]. Or il est impossible de comprendre la valorisation de la suggestivité et de la polysémie à cette époque sans étudier l'espace de discours particulier qui se met en place à la fin du XIXe siècle dans la communauté symboliste. L'idée de suggestivité est née d'une situation particulière au XIXe siècle, période de transition qui voit simultanément la

---

[1] Voir par exemple les réponses de Mallarmé et de Charles Morice dans l'enquête de Jules Huret sur l'évolution littéraire (Huret 1891 : 63 et 85).

disparition des formes de sociabilité littéraire de l'Ancien Régime, l'émergence de nouvelles communautés de lecteurs formées essentiellement par l'École à une lecture « utile » et morale, et surtout la consolidation d'un système de mass-média qui est encore le nôtre, et qui fait passer la littérature du statut de « média » à celui d'objet médiatisé, pris dans l'engrenage de la distribution des biens culturels[2]. Alain Vaillant décrit cette crise comme le passage d'une « littérature-discours » à une « littérature-texte » ; d'une communication fondée sur une relation directe entre l'auteur et le lecteur, qui est plutôt auditeur, à une communication biaisée, indirecte, où la figure de l'auteur s'efface. Je ferai l'hypothèse que le système de communication symboliste peut être considéré comme une réponse directe à cette crise, une façon, non de la déplorer, mais de l'utiliser à des fins de signification : la suggestivité encensée par les auteurs de cette époque n'est qu'une conséquence de l'assimilation de ces nouvelles contraintes communicationnelles.

Pour analyser les liens qui unissent ces conditions sociales avec les formes que prend la littérature symboliste, on peut décrire la façon dont devrait fonctionner de manière idéale la relation entre les auteurs, les textes et les lecteurs dans cette communauté littéraire au début des années 1890, c'est-à-dire au moment de son « triomphe » (Michaud 1947 : 369). La façon dont une communauté définit les conditions de la communication littéraire détermine en effet la liste des discours acceptables, de ceux qu'elle peut considérer comme de la littérature. Les modalités de réception jugées comme légitimes influencent les formes littéraires ; pour comprendre celles qu'a adoptées le discours symboliste, il faut reconstruire, à partir des textes théoriques et des œuvres qui font partie du canon du symbolisme, les modèles

---

[2] Pour Alain Vaillant, le discours, « acte de médiation », devient lui-même « objet [...] médiatisé » par les modes de diffusion de l'imprimé (Vaillant 2002 : 91).

herméneutiques qui définissent la manière dont on peut produire et lire les textes à cette époque. Ces modèles forment un système de légitimation des discours que l'on peut nommer une « méta-scénographie[3] » : ils déterminent les conditions abstraites d'énonciation, les contraintes qui pèsent sur la production discursive de toute une communauté littéraire donnée. On peut les analyser selon trois grandes séries de questions :

(1) Quelles sont les limites de cette communauté ? Comment y entre-t-on ? Quelles conditions faut-il remplir pour que son discours soit validé dans ce cercle ? Il s'agit de définir *l'unité de la communauté symboliste*.

(2) Depuis où écrit-on ? Quel est le contexte littéraire, quelles sont les références qui informent le discours de ces auteurs ? Il s'agit de définir *le canon du symbolisme*.

(3) Selon quelles modalités écrit-on ? Quels rôles sont attribués à l'auteur, au texte, au lecteur dans le processus de communication littéraire ? Il s'agit de définir *les conditions de la communication symboliste*.

L'unité : Une aristocratie rêvée

Les écrivains symbolistes légitiment la distance entre l'auteur et le public, née de la médiatisation du fait littéraire, en se présentant comme une caste aristocratique distincte (Berg 1990 : 61–72). Ils fondent, au début des années 1890, leur vision de la littérature sur une séparation complète entre leur monde et celui de l'abject public, comme l'avaient fait avant eux les parnassiens avec l'image de la tour d'ivoire et le refus du lyrisme. La génération symboliste précédente[4],

---

[3] Selon une suggestion de Dominique Maingueneau.

[4] Selon Pierre Citti, la « véritable génération des symbolistes naît entre 1855 et 1865 : celle des Verhaeren et Rodenbach, de Jean Lorrain, Jean Moréas, Remy de Gourmont, Albert Samain, Péladan, Kahn, Laforgue, Charles Morice, Fénéon, Saint-Pol Roux, Van Leberghe, Le Roy,

celle de Jean Moréas (né en 1856), de Gustave Kahn (1859), de Saint-Pol-Roux (1861), d'Henri de Régnier (1864), croyait encore au rôle de prophète du poète, à son implication sociale, à la manière des romantiques. Mais l'anarchisme littéraire met à mal ces utopies : dans les années 1890, les écrivains symbolistes (et plus particulièrement la génération née autour de l'année 1870 : Schwob, Maurras, Mauclair, Gide, Valéry...) tendent à se distinguer de la foule impure. Ils analysent en effet l'incompréhension grandis-sante du public, qui ne manque jamais de les accuser d'obscurité [5], comme un manque d'éducation, voire comme la conséquence d'une différence essentielle entre le bourgeois et l'artiste : « Je préfère, devant l'agression, rétorquer que des contemporains ne savent pas lire » (Mallarmé 2003 : 234), affirme assez courtoisement Mallarmé en réponse à l'article de Proust contre l'obscurité ; Lucien Muhlfeld, moins courtois, répond avant lui que « pour l'ordinaire, on ne sait pas le français » : « on compte en notre pays dix lectrices pour un lecteur, et vous connaissez mieux que moi la pauvreté d'études et de lectures qui caractérise la bourgeoise française, son ignorance crasse » (Muhlfeld 1896 : 76).

L'art n'est pas destiné à tous : face à la disparition des structures sociales qui assuraient la réception de leurs œuvres, les écrivains mettent en place des communautés à la fois sociales et interprétatives dans lesquelles une nécessaire initiation pose les bornes du groupe pour lequel on écrit. Les réunions sociales, comme les mardis de Mallarmé, servent ainsi de vitrines et de lieux de perpétuation d'une communauté d'interprétation donnée : là se recrutent les

---

Maeterlinck, Elskamp, Ghil, Barrès, Paul Adam, Marie Krysinska, Quillard, Régnier, Vielé-Griffin, Fontainas... » (2000 : 47).

[5] Les Parnassiens, dès les années 1860, étaient accusés d'incompréhensibilité, tout particulièrement Mallarmé. Ce grief est un leitmotiv des critiques sur le poète (Marchal 1998).

critiques, là naissent les vocations. Ces cercles fonctionnent sur le modèle de l'initiation mystique : il faut se montrer capable de lire les textes obscurs des pairs, c'est-à-dire de montrer sa connaissance des règles de leur espace littéraire, pour être accepté en leur sein. Les structures sociales mises en place par les écrivains symbolistes ne seraient alors que des moyens de recréer ou d'imiter les conditions de la sociabilité confidentielle de l'Ancien Régime, pour instituer une relation directe, non médiatisée, entre auteurs et lecteurs dans des sortes de cénacles[6]. La distance entre l'écrivain et le grand public, imposée de l'extérieur, devient un choix : on écrit entre soi, et le meilleur lecteur d'un écrivain symboliste sera un autre écrivain symboliste. Cette contrainte explique le recours fréquent à la mise en abyme : les héros deviennent des littérateurs ; leur quête, celle d'une œuvre parfaite, dans une forme de « roman autocritique » (Michelet-Jacquod 2008 : 30). *Sixtine* de Remy de Gourmont, *Paludes* de Gide, récits autoréférentiels qui mettent en scène l'écriture, sont destinés avant tout à des écrivains-lecteurs.

Le canon

La communauté symboliste ne se limite cependant pas aux écrivains qui participent aux revues, qui éditent chez certains éditeurs comme le Mercure de France ou la Revue blanche : ce n'est pas uniquement un espace social, mais également un espace imaginaire, fondé par et dans les textes par la définition d'un canon d'œuvres et de maîtres parfois morts depuis longtemps.

---

[6] Pour Vincent Laisney, le cénacle est « une structure répondant à la nécessité, dictée par les nouvelles lois du champ, de s'associer entre écrivains et artistes pour résister aux pressions exercées par les in-stances dominantes » que sont les salons, les académies, l'édition et la presse (2007 : 60–61).

Le canon symboliste forme le contexte dans lequel les œuvres sont écrites et lues. C'est toujours par rapport à ces références passées que se placent les livres nouveaux : chaque texte ajouté par un écrivain à la masse des écrits symbolistes ne prend sens que par les échos qu'il génère avec les œuvres antérieures. La plupart des commentateurs font remonter la fondation de ce canon au roman de Huysmans qui paraît en mai 1884 : *À Rebours* présente en effet une constellation d'auteurs qui resteront ensuite les références du symbolisme, tout particulièrement le couple Mallarmé-Verlaine, dignes héritiers de Baudelaire, lui-même interprété à la flamme vacillante de la décadence latine.

L'enquête de Jules Huret sur l'évolution littéraire, en 1891, permet de confirmer ce canon, mais aussi de l'affiner, en révélant une certaine redistribution des rôles dans la hiérarchie des maîtres du symbolisme. Ainsi, si l'on constate la constance des références communes du groupe, les noms de Verlaine, Mallarmé, Baudelaire étant cités très fréquemment, ce dernier tend à être remplacé par Villiers de l'Isle-Adam, cité seize fois dans l'enquête et dépassant ainsi l'auteur des *Fleurs du Mal* de quatre occurrences — présence d'autant plus importante que Villiers est le plus souvent cité en corrélation avec Mallarmé et Verlaine, en tant que maître et modèle. Charles Morice affirme ainsi : « Nos maîtres à tous trois [Morice, Régnier et Moréas], ce sont : Villiers de l'Isle-Adam, Mallarmé et Verlaine » (Huret 1891 : 89). Villiers, par son idéalisme teinté d'ésotérisme, voit son rôle dans l'espace littéraire s'accroître, au point d'en devenir lui-même un pôle magnétique. Le rôle de Verlaine est au contraire souvent minimisé dans le discours de certains écrivains importants du mouvement, comme Henri de Régnier.

C'est au sein de ce canon que s'élabore une réflexion sur la crise du sens, née de la restructuration des conditions de la communication littéraire ; c'est en étudiant les œuvres de ces maîtres que l'on peut définir les schèmes de la pensée du mouvement symboliste. C'est donc chez Villiers, chez Mallarmé, chez Remy de Gourmont que l'on peut paradoxalement lire les conditions d'énonciation des discours de la génération symboliste née vers 1870, parce que c'est de leur interprétation qu'elles naissent. Je tenterai donc très rapidement et schématiquement de décrire la scène d'énonciation symboliste telle qu'elle apparaît implicitement dans les textes qui forment le canon de cette communauté — étant bien entendu que lorsque je parlerai d'auteur, de lecteur, de texte, je me référerai à des constructions idéales, des images, et non à des personnes ou à des objets réels.

C'est dans ce contexte que les théoriciens du symbolisme définissent les conditions de légitimation de leur discours. On va le voir, il s'agit en définitive pour eux de valider la distance entre l'auteur et ses lecteurs née de la médiatisation de la littérature pour en faire un outil esthétique et interprétatif, pour proposer une forme de littérature en absolu, un discours qui tiendrait sa légitimité de l'absence même de toute communication directe.

Le contact. Villiers de l'Isle-Adam : le phonographe ou la parole orpheline

Premier point, le problème du « contact », pour reprendre la terminologie de Jakobson. À l'origine de la crise de la communication littéraire que traverse le XIXe siècle, il y a l'expérience d'un décalage irréductible entre l'auteur, son texte et le lecteur. Le contact, qui assure lors de toute communication la relation entre destinateur et destinataire, se fait de façon biaisée ; le texte échappe à son producteur pour être distribué, de façon démultipliée, à des lecteurs anonymes. Cette caractéristique essentielle de la communication littéraire dans une ère de mass-média échappe au premier abord ; c'est une autre invention, celle du phonographe, qui cristallise les réflexions sur la séparation de l'auteur et de son discours. Avant Cros, Gourmont, Schwob ou Jarry[7], Villiers est l'un des premiers écrivains à prendre réellement la mesure de l'invention du phonographe ou du téléphone ; à tenter de comprendre ce que signifie pour l'homme le détachement de sa voix. C'est dans *L'Ève future*, en 1886, qu'il expose à travers le personnage d'Edison, démarqué de l'inventeur réel, les conséquences de l'avènement du phonographe : il signe une nouvelle ère de la communication et de la relation au langage et à l'esprit. C'est avec le phonographe que devient pour la première fois possible la séparation de la voix et du corps ; non plus sous l'aspect autoritaire et travaillé du livre, mais sous celui de la voix vivante, avec ses inflexions, son caractère immédiat — et pourtant extraite de son contexte premier.

Les réflexions d'Edison, qui ouvrent l'*Ève future*, représentent la première pensée poussée sur ce que signifie réellement cette capacité de séparer la voix vivante de sa source, cette « discontinuité » (Conyngham 1975 : 121 *sqq*). La technique permet la reproduction des discours, démultipliables à l'infini, déplaçables, hors du temps ; l'origine de toute forme peut être occultée à volonté. La technique est une forme d'abstraction, au sens fort du mot :

---

[7] Patrick Besnier, dans les notes du *Surmâle* de Jarry (Jarry 1987 : 787), signale l'importance du thème du phonographe à l'époque, de Charles Cros (qui déposa à l'Académie des Sciences en avril 1877 le concept d'un « Procédé d'enregistrement et de reproduction des phénomènes perçus par l'ouïe » de conception semblable à celle de l'appareil qu'Edison mettait alors au point) à Villiers en passant par Gourmont (« Le Phonographe » dans les *Proses moroses* en 1894, publié initialement dans *Le Livre d'Art*, n° 3, juin–juillet et août 1892), qui dédie son texte à « M. Edison (de *l'Ève future*) ». Patrick Besnier ne signale pas l'article de Marcel Schwob, « Le Verbe », datant de 1891 (Schwob 2002 : 851–853). Dans ce texte, Schwob livre les réflexions les plus profondes, après Villiers, sur l'étrangeté de cette voix « immortelle et contemporaine de l'humanité entière ».

elle abstrait de la réalité des fragments, elle les coupe de leur contexte spatio-temporel, de leur origine, tout en conservant parfaitement ce qui fait leur particularité : le ton de la voix par le phono-graphe, les ombres et les détails insignifiants par la photographie. Pour la première fois, des éléments qui semblaient entièrement spirituels et non reproductibles peuvent être détachés du réel, mis à part, conservés et rejoués, réactualisés indéfiniment. Or ce que Villiers constate pour le phono-graphe doit être appliqué à tous les procédés de reproduction ; la littérature elle-même n'est qu'une forme de ce que l'on peut appeler la « parole orpheline », le discours séparé de son émetteur.

Edison constate pourtant une carence dans la reproduction par le phonographe ; il lui manque un aspect essentiel, qui ne peut être reproduit : la façon dont ces sons étaient perçus par les contemporains, leur contexte originel. Après s'être lamenté de la perte définitive de certains bruits énigmatiques décrits par les anciens, qu'il aurait pu enregistrer en inventant plus tôt le phonographe, Edison remarque ainsi que « ce n'est pas eux qui ont disparu, mais bien le caractère impressionnant dont ils étaient revêtus en et par l'ouïe des anciens — et qui, seul, en animait l'insignifiance intrinsèque. Donc, ni jadis ni de nos jours, il ne m'eût été possible de graver exactement des bruits dont la *réalité* dépend de l'auditeur » (Villiers de l'Isle-Adam 1986 : 776). Le décalage entre sens et signe, produit par le phonographe, révèle l'insignifiance profonde de tout énoncé en dehors des réseaux de communication qui l'ont vu naître. Dès lors, le sens ne peut plus être considéré comme un objet inséparable du discours ; il y a autant de sens que de situation de communication, et l'interprétation d'un discours est uniquement le produit d'une compétence de l'interprète : *quelque chose* écoute en nous, et donne sa valeur aux sons, une faculté que Villiers désigne par un mystérieux « CE » : « Mon Mégaphone, même, s'il peut augmenter la dimension, pour ainsi dire, des oreilles humaines (ce qui est déjà un immense progrès, scientifiquement parlant), ne saurait, toutefois, augmenter la valeur de CE qui écoute en ces mêmes oreilles » (*ibid.*). Le signe est vide de tout contenu ; il n'est qu'une trace, un « bruit », en l'absence d'un destinataire capable de le comprendre. Grâce au phonographe, Villiers découvre qu'il n'est de signe que dans une communauté d'interprétation, et que le sens, auparavant garanti par la présence de Dieu — ou de l'auteur —, s'est définitivement absenté. Une forme de *littérature en absolu*, coupée du monde, devient alors possible : le système de communication symboliste doit inventer une méthode pour pallier ce manque de contact, ou pour l'utiliser à son avantage.

L'auteur. Mallarmé : la disparition élocutoire du poète ?

À cette perte du contact, on peut corréler la distanciation de l'auteur que beaucoup désirent après Mallarmé. On a trop glosé la « disparition élocutoire du poëte » pour qu'il soit réellement besoin d'y revenir ici en détail, sinon pour préciser à quel point cette prétendue disparition, si elle est une conséquence directe de la perte de contact entre l'auteur et le lecteur dans la situation de communication littéraire née de la mass-médiatisation de la littérature, est également mise en scène et utilisée par les écrivains symbolistes dans leur entreprise pour créer les conditions de la réception de leurs œuvres.

Selon Mallarmé et ses disciples, l'oubli des circonstances de création d'une œuvre est nécessaire pour qu'elle puisse, dans le futur, être lue comme un pur miroir par ses lecteurs à venir. C'est la leçon que retient un auteur comme Robert de Souza, prônant une critique en absolu, qui « rejette tout élément biographique, valable pour le mémorialiste, non pour le poète, dont la vie, loin d'expliquer l'œuvre, la fausse en la ramenant à des causes misérables, alors que le poète est avant tout celui qui se recrée lui-même en beauté. La critique positive s'efface devant les œuvres ; elle les laisse se produire d'elles-mêmes » (1899 : 15). Pour être légitime, le discours symboliste se doit donc d'effacer son origine : il n'est pas question d'évoquer en préface les conditions de création de son œuvre, de mettre en rapport son texte avec l'actualité. La disparition affichée de l'auteur – qui n'est vraiment qu'effet d'annonce, tant les divers membres de cette communauté littéraire tiennent à faire voir leurs noms sur les couvertures et dans les sommaires des revues – doit per-mettre au lecteur de lire en absolu, de réduire le contexte social et biographique du texte au profit d'un contexte purement littéraire, le nom n'étant plus qu'un moyen de se placer dans l'espace des œuvres.

Le lecteur. Gourmont : la paranoïa herméneutique

Quant à l'image du lecteur idéal construite par cette communauté littéraire, elle est une conséquence des théories idéalistes développées en grande partie par Remy de Gourmont, à partir des théories de Schopenhauer. Pour Gourmont, le réel n'est que ma représentation : dans un renversement de l'ordre du monde, c'est l'esprit humain qui projette au dehors ses fantasmagories, qui deviennent aussi réelles, aussi palpables que l'univers. C'est ce que Raitt nomme « l'illusionnisme » (1965), la projection de la pensée dans la réalité, qui apparaît déjà chez Villiers. Au centre de l'idéalisme de l'auteur de *L'Ève future*, il y a l'Illusion, la projection par la monade humaine de ses fantaisies sur les parois de sa prison :

> Donc, n'oubliez plus que nous ne voyons des choses que ce que leur *suggèrent* nos seuls yeux ; nous ne les concevons que d'après ce qu'elles nous laissent entrevoir de leurs entités mystérieuses ; nous n'en possédons que ce que nous en pouvons éprouver, chacun selon sa nature ! Et, grave écureuil, l'Homme s'agite en vain dans la geôle

mouvante de son MOI, sans pouvoir s'évader de l'Illusion où le cap-tivent ses sens dérisoires ! (Villiers de l'Isle-Adam 1986 : 839–840)

Dans ce monadisme total, l'homme ne fait plus un avec l'univers ; il n'est plus qu'un projecteur d'images qu'il croit être la réalité. L'art même selon Gourmont « n'est que la faculté d'objectiver en un simulacre la représentation individuelle du monde » (Gourmont 1890 : 75–76) ; c'est une forme particulière d'illusionnisme. Si l'auteur peut s'absenter de son œuvre, si la voix peut être séparée du corps qui la prononce, la totalité des expériences humaines perd toute garantie de réalité. L'interprétation n'est donc elle-même qu'une forme d'illusionnisme : le lecteur projette sur l'œuvre uniquement ce qu'il contient déjà en lui ; le monde n'est qu'une coquille vide, une forme illusoire. Tout le poids de l'interprétation repose désormais sur le lecteur : face à la disparition de l'auteur, face à l'effacement des mécanismes sociaux de légitimation du sens d'un texte, il ne lui reste plus que la foi en ses propres capacités pour produire du sens.

La conséquence de cette distanciation de l'auteur et du lecteur est la promotion d'une forme de « paranoïa interprétative ». Habitué aux « mentalités complexes », adepte de « l'anatomie littéraire », Entragues, le héros de *Sixtine* de Gourmont, est ainsi conscient de porter en lui les symptômes d'une maladie de l'interprétation qui tend à voir partout des signes d'une cohérence d'ordre supérieure, à faire de chaque objet du monde une allégorie :

> Prosateur strict et toujours à la quête du mot juste, jeune ou vieux, rare ou commun, mais de signifiance exacte, il s'imaginait que tout le monde parlait comme il écrivait, quand il écrivait bien. C'était de bonne foi qu'il s'entêtait à réfléchir, arrêté soudain par une inquiétude en face de tels mots de conversation, vêtements de vanités pures. La conscience de ce travers ne l'en avait pas guéri, ni la punition de se répéter après chaque faute, ce *meâ culpâ*, arrangé d'après Goethe à son usage personnel : « Quand il

entend des mots, Entragues croit toujours qu'il y a une pensée dedans. » *(Op. cit.* : 10–11)

Entragues est prisonnier d'un monde fondé sur le système de communication symboliste. Dans cet univers sans transcendance, tout objet peut être interprété comme une parole orpheline ; toute chose peut être lue comme un signe caché : c'est le règne du signe autoréférentiel omniprésent. Le lecteur symboliste de la fin de siècle, tout puissant en théorie, est donc accablé de ce fardeau : condamné à ne connaître que ce qu'il déforme, à fonder le sens sur un acte de foi, il est présenté comme la victime d'une forme de paranoïa herméneutique qui assure aux écrivains une réserve infinie d'interprétations.

Le texte. Huysmans : la synthèse alchimique

Sans auteur, offert à un lecteur aux mécanismes d'interprétation surdéveloppé, le texte doit par conséquent se présenter comme un objet susceptible de toutes les interprétations, un jouet destiné à être lu en absolu, fragment sug-gestif qui n'arrête pas la lecture à un sens univoque mais se montre capable de résister au lecteur, de contenir dans une forme resserrée une multiplicité de sens. Les auteurs symbolistes insistent sur le caractère synthétique du texte, produit d'une sorte d'alchimie, d'un effacement de tous les éléments contingents pour proposer au lecteur un objet parfait, fermé sur lui-même, auto-suffisant.

L'un des textes fondateurs de la sémantique symboliste se trouve dans *À Rebours.* Dans le chapitre XIV du roman – pour lequel Huysmans avait demandé à Mallarmé certains poèmes qu'il ne possédait pas –, des Esseintes, l'anti-héros, ne se contente pas de définir la bibliothèque idéale de l'esthète symboliste ; il explique également en quoi l'œuvre de Mallarmé peut être conçue comme une alchimie du verbe, une synthèse miraculeuse aux sens démultipliés :

Percevant les analogies les plus lointaines, il désignait souvent d'un terme donnant à la fois, par un effet de similitude, la forme, le parfum, la couleur, la qualité, l'éclat, l'objet ou l'être auquel il eût fallu accoler de nombreuses et de différentes épithètes pour en dégager toutes les faces, toutes les nuances, s'il avait été simplement indiqué par son nom technique. Il parvenait ainsi à abolir l'énoncé de la comparaison qui s'établissait, toute seule, dans l'esprit du lecteur, par l'analogie, dès qu'il avait pénétré le symbole, et il se dispensait d'éparpiller l'attention sur chacune des qualités qu'auraient pu présenter, un à un, les adjectifs placés à la queue leu leu, la concentrait sur un seul mot, sur un tout, produisant, comme pour un tableau par exemple, un aspect unique et complet, un ensemble.

Cela devenait une littérature condensée, un coulis essentiel, un sublimé d'art […]. (1978 : 220)

Les longues analyses sont une insulte faite aux méthodes d'interprétation du lecteur symboliste. Seule compte la capacité de l'œuvre d'art à laisser ce lecteur songer librement et dérouler ses rêveries ; la valeur d'un texte devient proportionnellement inverse à sa longueur : « On veut en faire moins (moins long, moins ample) pour dire plus et pour que chaque phrase soit le foyer de la quintessence romanesque » (Bertrand *et al.* 1996 : 47).

Le signe prend alors un caractère *polysémique* : livré comme séparé de son contexte, isolé de son auteur, le texte symbolique se présente comme un signe lisible selon une multitude de perspectives qui ne s'excluent pas. Pour être légitime, l'œuvre symboliste devra donc être le plus court possible, refusant les analyses, les grandes descriptions, devenant elle-même un fragment séparé de son origine et un foyer de significations multiples.

Le schéma de la communication symboliste, tel qu'il est construit dans les textes du canon des années 1890, ressemble en définitive étrangement à un schéma de *non-communication*. On constate une coupure radicale entre d'une part le monde référent et l'homme, et d'autre part entre le destinateur et le destinataire : le contact est problématique, la référence biaisée. L'auteur synthétise un monde qu'il déforme, monde qu'il ne connaît que de façon subjective, n'en étant lui-même qu'un lecteur parmi d'autres. À partir de cette expérience incommunicable, il offre au lecteur une œuvre dont il se détache. Le lecteur lit le texte de la même manière qu'il reçoit le monde : uniquement selon ses déterminations singulières, en multipliant les interprétations possibles. La crise sociale de la communication littéraire est donc intériorisée dans la métascénographie du discours symboliste, offrant aux littérateurs un moyen *d'utiliser* le décalage entre l'auteur et le public pour créer de nouvelles façons de lire. Les théories idéalistes créent les conditions d'une rhétorique de la suggestion par le retrait des contingences biographiques, la création d'un texte auto-référent, l'attente d'un lecteur paranoïaque et la valorisation de la polysémie. Nous avons donc bien affaire à un *système* de communication, dont les éléments sont co-déterminés : l'éloignement de l'auteur permet l'isolement du texte, qui autorise une lecture paranoïaque ; l'absence de contact entre l'auteur et le lecteur, de contrainte, devient une condition déterminante de l'effet suggestif du texte. Ce ne sont donc pas les conditions sociales qui définissent directement le contexte du discours, mais les conditions sociales telles qu'elles sont réinterprétées, imaginées, transfigurées, voire niées, dans un ensemble de schèmes directeurs qui définissent les conditions de possibilité du discours dans une communauté donnée.

Pascale Delormas

POLÉMIQUE ET PARATOPIE CRÉATRICE : DE L'OMBRE À LA LUMIÈRE ÉDITORIALE

La notoriété d'un auteur relève de pratiques discursives et de fonctionnements institutionnels dont l'analyse de discours cherche à rendre compte. Foucault dans « Qu'est-ce qu'un auteur ? » écrit que « l'auteur manifeste l'événement d'un certain ensemble de discours, et il se réfère au statut de ce discours à l'intérieur d'une société et à l'intérieur d'une culture. […] La fonction auteur est donc caractéristique du mode d'existence, de circulation et de fonctionnement de certains discours à l'intérieur d'une société » (1994 : 83).

L'auctorialité, centrale dans la configuration du champ littéraire, répond, pour Foucault, à trois critères : elle ne renvoie pas à l'individu réel mais à une figure de discours qui résulte d'une construction cohérente, elle est partie du système juridique et institutionnel des discours et elle s'impose dans un rapport à l'histoire (aux genres discursifs et aux époques historiques). Il semble cependant qu'il faille interroger à nouveaux frais la place de la personne : exclue momentanément des études narratologiques au bénéfice de la lecture immanente des textes, il suffit d'observer le succès indéfectible des biographies et des autobiographies d'auteurs pour se convaincre de la force d'attraction formidable qu'exerce l'illusion biographique [1]. La personne apparaît comme une instance énonciative incontournable : alors même qu'elle est donnée comme illusoire, elle fournit cohérence et crédit à l'auctorialité que l'on ne peut réduire à l'instance qui énonce le texte ou à celle qui définit une trajectoire dans le champ littéraire.

Pour rendre compte de la dynamique qui fait de l'auteur plus qu'une figure mais bien le moteur du processus créateur, nous emprunterons à Maingueneau (1993) la notion de « paratopie ». Cette notion renvoie à la tension paradoxale qui fonde l'auteur comme membre à part entière et dissident tout à la fois de la communauté à laquelle il « appartient ». Nous nous associons pleinement à ce qu'écrit J. Meizoz (2007) quant au fait qu'« un auteur n'est jamais, pour le public, que la somme des discours qui s'agrègent ou circulent à son sujet, dans le circuit savant comme dans la presse de boulevard » (2007 : 45), et il nous semble que la notion de *posture* introduite par Viala et approfondie par J. Meizoz peut être définie comme la phase d'un processus qui l'englobe et dont la notion de *paratopie* témoigne. Le terme de « posture » – naturellement susceptible de variation, comme l'écrit Meizoz – semble réduire l'œuvre à la manifestation d'un rapport entre intention de l'écrivain et réception du lecteur alors que les marques de la paratopie

---

[1] Cf. Bourdieu 1986 : 69–72 ; repris dans Bourdieu 1994. Dans le chapitre 3, « Pour une science des œuvres », Bourdieu interroge l'engouement des sociologues pour les histoires de vie et leur reproche de confondre histoire et récit d'histoire, laquelle est une construction sélective des auteurs.

participent à la fois de la situation à travers laquelle se définit l'auteur et du monde représenté par l'œuvre. Il ne peut donc y avoir d'« extérieur » ou de « contexte » de l'œuvre, mais des marques de positionnement et d'embrayage paratopique de « l'écrivain », de la « personne » et de « l'inscripteur » (Maingueneau 2004). Pour cela, nous interrogeons les interactions que le positionnement paratopique suscite, les lieux de la construction de la notoriété et plus précisément les procédés de mise en scène de soi dont l'efficacité est liée à une énonciation cohérente d'un discours à l'autre, littéraire ou non. Etant donné que la figure d'auteur résulte des discours des différents acteurs du champ et que les textes littéraires ne sont pas un univers insulaire, on doit prendre en compte aussi bien les œuvres que la critique, et plus généralement la presse.

Ailleurs, nous avons examiné, à partir de ses textes autographiques, le cas du positionnement de Rousseau comme chef de file autoproclamé d'une nouvelle sensibilité dont l'histoire littéraire se fait l'écho[2]. On envisagera ici un autre exemple, à un niveau bien plus modeste : celui d'un écrivain contemporain, Pierre Jourde, professeur à l'Université, pamphlétaire et romancier qui réactive le credo romantique de l'auteur porté par un idéal de vérité.

Pour mieux circonscrire la notion complexe d'auteur à travers le cas de Jourde, nous montrerons comment l'œuvre surgit de la réalité de l'existence et comment les marques de paratopie qui balisent le positionnement de l'écrivain dans le champ littéraire et médiatique s'y articulent : Jourde est écrivain engagé, il signe des pétitions, donne des interviews, s'exprime sur l'évolution de l'écriture littéraire comme drame social et il prétend réaliser par son écriture même l'idéal qu'il défend. Bien qu'ils soient inextricablement liés,

---

[2] Delormas 2006.

pour les raisons de l'exposé, nous parlerons successivement du *positionnement paratopique* de l'écrivain à partir de la posture du polémiste et du triple *embrayage paratopique* de l'écrivain, de la personne et de l'inscripteur.

Le positionnement paratopique de l'écrivain polémiste

L'œuvre n'est pas le reflet de la réalité sociale, mais elle est configurée selon la logique et les possibles du champ littéraire. Les moyens dont un écrivain peut se saisir pour accéder à la reconnaissance sont parfois marqués du sceau du combat et de la résistance héroïque. Ainsi, Pierre Jourde fait-il le choix du conflit pour exister.

(1) En guerre contre les instances institutionnelles, cet auteur s'engage dans de nombreuses diatribes contre les anthologies scolaires, la critique et les prix littéraires qui n'illustreraient plus la littérature, contre l'Université qui n'enseignerait plus les Lettres. Pierre Jourde a des fers au feu partout et la posture polémique qu'il adopte confère une grande visibilité à son implication critique : les portes des média lui sont ouvertes, la presse se fait abondamment l'écho des réactions très violentes qu'il suscite. On assiste à une large diffusion de ses pamphlets, de ses parodies, de ses lettres ouvertes, de ses écrits romanesques, perçus comme des provocations.

Pourfendeur d'une « littérature sans estomac », le pamphlétaire dénonce dans un livre du même titre [3] l'indigence du milieu littéraire tel que le configurent le quotidien *Le Monde* ou les concours littéraires et il analyse les dérives du système éditorial. Il est bien évident que ce pamphlet permet une interaction immédiate :

---

[3] P. Jourde, *La Littérature sans estomac*, Paris, L'esprit des péninsules, 2002.

Jourde étrille « l'avarice narcissique » de Christine Angot, le « caca excrété par un cerveau constipé » de Marie Darrieussecq, le « lyrisme de pacotille » d'Olivier Rolin qui serait à la littérature « ce que Richard Clayderman est à la musique », les manières « barbaracartlandiennes » et « freudolacaniques » de Camille Laurens, le « petit récit vétilleux » sentant « la littérature morte » dont les éditions de Minuit se sont faits les spécialistes [...][4].

Les passes d'armes sont sans répit. Une nouvelle publication de Jourde, *Le crétinisme alpin*, est éditée avec *Petit déjeuner chez Tyrannie*, d'Eric Naulleau, son éditeur de L'Esprit des Péninsules en réponse à la mise en demeure du journal *Le Monde*[5].

(2) Un autre aspect du positionnement paratopique de l'écrivain doit être souligné : l'identification de la communauté discursive à des positions au sein d'un champ conflictuel où les différents régimes de discours s'affrontent et se combattent en vue d'une hégémonie. Ainsi, la bataille qui oppose pourfendeurs et des défenseurs de Jourde fournit une occasion aux membres de la communauté des gens de lettres de rappeler les choix idéologiques censés les distinguer. Le pamphlétaire devient le symbole dont s'emparent petites et grandes maisons d'édition, petits et grands organes de presse ; aux réactions de rejet extrêmement vives du *Monde des Livres* et du *Figaro* s'oppose la reconnaissance des revues alternatives en ligne et/ou confidentielle comme *Tsim tsoum, fluctuat.net* ou encore, la revue en ligne *Riposte laïque* :

> L'essai offre ce bonheur d'être à la fois méchant et juste, drôle et profond ; *la polémique dessine en creux une « conception exigeante » de la littérature*. [...] Pierre

---

[4] J.-L. Douin, « Pierre Jourde et l'"illustration du bredouillis" », *Le Monde*, 08.02.02.
[5] E. Naulleau. *Petit déjeuner chez Tyrannie* suivi de P. Jourde, *Le crétinisme alpin*, Lyon, La Fosse aux ours, 2003.

Jourde, professeur de littérature et essayiste, entend redonner à la critique littéraire sa fonction première : orienter le lecteur en jugeant les œuvres elles-mêmes, avec une inflexible rigueur, *sans autres fins que le jugement esthétique*[6].

Pierre Jourde n'est pas particulièrement féroce, ni élitiste. Il lit vraiment les livres, voilà tout, *en toute indépendance. Il regrette que sa démarche paraisse aussi atypique et agressive,* alors qu'elle devrait constituer la norme, si le monde de l'édition n'était pas aussi sclérosé par les participations croisées[7].

Et à propos de *Carnets d'un zoulou* ce serait

[…] un petit régal d'humour satyrique, un pamphlet sociologique sans prétention et politiquement incorrect qui encourage à la clairvoyance. Vous ne trouverez sans doute pas ce livre en tête de gondole des rayons des Fnac. *Vous n'en verrez sans doute aucune critique favorable dans Le* Monde *ou dans* Libération. *Il est possible même que son auteur soit vilipendé et traité de raciste. Car comme l'explique Pierre Jourde : « il existe en Nubie des mots rituels qui servent à jeter l'anathème sur toute personne qui ne suit pas la droite ligne »...le mot « raciste » en est un.* Il est bon parfois de prendre la tangente. Alors mettez vous dans la peau d'un zoulou le temps d'un voyage, une visite éclair dans les banlieues nubiennes de cent six pages exactement. Aux éditions Gallimard (2007)[8].

C'est tout un système de valeurs qui est érigé contre un autre : rejet de la marchandisation de la littérature, revendication du non politiquement correct, valorisation de

---

[6] *TsimTsoûm*, revue littéraire en ligne à parution aléatoire diffusée en librairies en France et dans les pays francophones. Au programme : des textes « polémiques » et des textes « métaphysiques », des nouvelles et des récits, des entretiens et des portraits.

[7] *Fluctuat.net*, revue littéraire en ligne.

[8] B. Bré Bayle, *Riposte laïque*, jeudi 30 août 2007.

l'esthétique contre la mode, indépendance et authenticité, tels sont les maîtres mots des alliés de Jourde.

(3) Nous évoquerons un dernier aspect du positionnement paratopique de l'écrivain : l'accord fondamental qui réunit les coénonciateurs. Au-delà des luttes intestines, une conception partagée de ce qu'est « la littérature » et le « véritable écrivain » rassemble les membres de la communauté littéraire. La stigmatisation du système ne contrevient pas à la pleine participation aux rites qui lui sont propres. Dans « Une pétition pour des jurys tournants », lancée par l'hebdomadaire *Marianne* du 24 février 2003, Pierre Jourde remet en cause la qualité et la probité des jurys littéraires[9] : le texte dénonce le « cumul des positions » et l' « inamovibilité » des jurés littéraires et réclame « des jurys tournants ». Mais la rébellion de Jourde contre le mode d'attribution des prix littéraires ne le pénalise visiblement pas aux yeux de tous les jurys : son pamphlet *La littérature sans estomac* est couronné du prix de la Critique de l'Académie française, son roman, *Pays perdu* obtient le Prix Générations en 2003, *Festins secrets*[10] obtient le prix Renaudot des lycéens et le Grand Prix Thyde Monnier et en 2005 et en 2006, le prix Valéry Larbaud.

Un autre exemple d'accord entre les membres de la communauté est l'attitude compassionnelle de rigueur face au défi qu'incarnerait l'auteur. Nous renvoyons à un article

---

[9] Le texte est notamment signé par plusieurs petits éditeurs, comme Pierre Astier (Serpent à plumes), Bertrand Fillaudeau (José Corti), Marion Hennebert (L'Aube), Liana Levi, Joëlle Losfeld, Anne-Marie Métailié, Yves Michalon, Eric Naulleau (L'Esprit des Péninsules), Françoise Nyssen (Actes Sud), Daniel Radford (Le Bibliophane), Jean-Pierre Sicre (Phébus). Il y a aussi, côté VIP : Jean Arcache (Presse Solar Belfond), Leonello Brandolini (Laffont), Olivier Orban (Plon) ; et dans la galaxie Hachette : Anne Carrière et Isabelle Laffont (Lattès). Parmi les écrivains : Thierry Jonquet, Pierre Jourde ou Yann Queffélec.

[10] P. Jourde, *Festins secrets*, Paris, L'esprit des péninsules, 2005.

paru dans l'édition du *Monde* dont l'auteur témoigne nettement sa sympathie à l'égard de Jourde comme le montrent les termes d'*incompris* et de *victime* et les propos rapportés de son éditeur :

> *Incompris*, Pierre Jourde reprend donc la plume, non pas pour développer ses fortes idées sur la littérature mais pour dénoncer, sous couvert d'une réponse aux critiques, des pratiques « qui ressemblent à celles des bonnes vieilles dictatures staliniennes » et, bien sûr, la « servilité » du *Monde* envers quelques écrivains, à commencer par Philippe Sollers. Eric Naulleau, éditeur de *La littérature sans estomac*, prend, lui aussi, la défense du livre, saluant la façon dont l'auteur administre « avec férocité et compétence » une « volée de bois vert » à des romanciers encensés par la presse. |…] Il se plaint de « l'atrophie du sens critique » dans le monde littéraire mais *déplore l'excès des critiques dont Pierre Jourde est, selon lui, la victime*[11].

Oppositions, délimitation de territoires sur fond d'idéologie partagée, tels sont les trois aspects du positionnement paratopique de l'écrivain dans le champ littéraire. On constate que les différents écrits s'étayent mutuellement comme autant de preuves d'authenticité ; l'œuvre du romancier elle-même s'articule étroitement au positionnement médiatique de l'écrivain polémiste.

L'embrayage paratopique de l'écrivain dans l'œuvre romanesque

Quoique prévale la perspective idéaliste de la « clôture » de l'œuvre, chez Jourde, la confusion dans les pratiques sociales de la voix de l'écrivain et de la voix du narrateur est manifeste : l'écriture romanesque participe d'un *continuum* discursif dont on l'exclut artificiellement.

---

[11] T. Ferenczi, « L'atrophie du sens critique », *Le Monde*, 21.02.03.

(1) Les romans de Jourde participent de la même polémique et le romancier relaie le pamphlétaire en quête de notoriété. Ainsi, le roman *Festins secrets* constitue une autre manifestation de continuité d'un discours à l'autre : il peut être lu comme la version romanesque d'un portrait à charge de l'Education nationale ; d'autres publications affichent clairement la même cible comme *Le Jourde & Naulleau*, parodie du célèbre *Lagarde et Michard*, qui épingle le Tout-Paris littéraire (P. Sollers, B.-H. Levy, A. Jardin, M. Chapsal etc.)[12] ou le recueil d'articles d'humeur d'universitaires dont Jourde dirige la publication, *Université : la grande illusion*[13], qui éreinte l'institution dans laquelle il travaille pourtant.

Lussaud l'inspire, à l'évidence. Lui qui a décrit – et de quelle féroce manière ! – le milieu littéraire parisien dans *La Littérature sans estomac* avant de s'en prendre plus tard à l'Éducation nationale dans *Festins secrets*, raconte, dans *Pays perdu*, les vaches et le fumier, les hommes et l'alcool, ces hivers où il n'y a rien à faire. La consanguinité aussi.

---

[12] P. Jourde et E. Naulleau, *Le Jourde & Naulleau. Précis de littérature du XXIe siècle*, Paris, Mots et Cie, 2004. En voici quelques extraits : à propos de Marie Darrieussecq : « Devoir n°2 : Enlevé par un livreur de pizzas, qui finit par l'abandonner non loin du Pôle Sud à la suite d'une attaque de spectres, le bébé, transi de froid, est recueilli par la truie. Tout en faisant bombance d'insectes et de racines, ils lient conversation. Racontez cette scène au moyen d'onomatopées variées, sans vous limiter aux classiques areu et grompf. […] Devoir n°3 : Une jeune femme en vacances au bord d'une plage du sud-ouest rencontre au bout de deux semaines un kinésithérapeute entre deux âges. Ils s'accouplent un soir, au bruit des vagues. A la manière de Marie Darrieussecq, vous raconterez ce qui se passe dans l'intestin grêle des deux personnages. […] » Ou d'Emmanuelle Bernheim : « La lecture, très jeune, de *Nous Deux* décide sa carrière : elle sera écrivain. C'est sans doute la légende qui veut qu'elle se soit écriée : 'Je serai Barbara Cartland ou rien' ».

[13] P. Jourde, *Université : la grande illusion*, Paris, L'Esprit des Péninsules, 2007.

Les histoires secrètes (que tout le monde connaît et que chacun, donc, reconnaîtra dans le livre). Les adultères...[14].

Toute nouvelle publication de Jourde est lue dans la droite ligne du propos mondain et nourrit la polémique. La parution du roman *Pays perdu* alimente l'échange à couteaux tirés avec le journal *Le Monde* : roman, pamphlet et manifeste sont épinglés les uns après les autres et confondus dans la même critique esthétique et idéologique :

> A partir de là, tout est affaire de goût ou d'idée qu'on a de la littérature. Si l'on parvient à lire ces phrases – « On dirait (...) que le temps accumule lui-même de vieilles culottes froissées. Tout ce qu'on néglige mais dont on ne se séparerait jamais, tout ce dont la conscience se détourne mais qui poursuit cependant sa vie larvaire, linge sale et torchons déchirés, vieux outils, édifie lentement le monument nauséabond de l'abandon » –, si l'on trouve juste l'image d' « un moutard livide, fertile en obscénités », alors on peut aimer ce livre.
>
> Contrairement à Jourde dans son essai-pamphlet, on ne prétend pas ici être une instance de légitimation absolue, mais seulement dire ce qu'on a lu et comment on l'a lu. Et préciser que les opinions sont multiples, qu'il se trouve des lecteurs et des critiques pour apprécier cette prose. Question d'oreille. Un adepte de Julien Gracq a même senti des « accents gracquiens », ce qu'on peut juger franchement injurieux à l'égard de cet auteur. Enfin, un jury où figurent des écrivains – on taira leur nom de peur de les faire passer pour sourds, ou pour convaincus que « la terre, elle, ne ment pas »... – vient d'attribuer à Pays perdu le deuxième prix « Générations », créé par Françoise de Panafieu, maire du 17e arrondissement de Paris et député (UMP), qui « récompense un livre susceptible (...) de susciter le dialogue et l'échange entre les membres d'une famille »...Une littérature pour thérapie familiale, en quelque sorte, *écrite*

---

[14] P. Burnat, « Un écrivain lynché par ses personnages », *Le Figaro*, 21.06.2007.

par un homme estimant que la création contemporaine est « sans estomac ». Qu'il se rassure, la sienne, elle, pèse sur l'estomac[15].

(2) Les écrits romanesques manifestent leur visée à travers un embrayage paratopique spécifique : qu'il s'agisse du jeune professeur aux prises avec des écoliers de la province profonde de *Festins secrets*, du narrateur de *Pays perdu*, de retour dans la province de ses aïeux, ou du zoulou curieux des *Carnets d'un voyageur zoulou dans les banlieues en feu* (cousin du persan de Montesquieu), ces personnages critiques soutiennent le point de vue énonciatif d'un étranger de fiction – comme l'annoncent d'ailleurs les titres. Les deux extraits de *Pays perdu* qui suivent le montrent :

> Si lourdes les montagnes et si perdues d'aspect, entrelaçant les friches et les bois, si petit, si indistinct le bout de village enfantin qu'on dirait une illusion. *On est dans le loin. On aura beau avancer se dit-on, on n'ira pas au-delà. Le village là-bas, quelque effort qu'on fasse, on se demande si on l'atteindra jamais. Quel chemin prendre, d'ailleurs, pour franchir tant de vide ?* Par où passerait-il ? On n'aperçoit que des courbes où pénètre le ciel comme une mer, des reliefs qu'il a écrasés, et qui s'allongent, s'étalent, s'enfoncent dans des trous sans fond. La montagne ne s'élève pas, elle s'abaisse, se rétracte, et l'on sent la poussée, la présence invisible et tyrannique de l'espace. *Si ces minuscules maisons semblent reculées, c'est qu'elles constituent l'axe d'un paysage où tout ne cesse de régresser dans l'immobilité. Lorsqu'on y sera, on se demandera encore si on est bien dans ce qu'on a vu, si on a pas aperçu un mirage, un village fantôme* ; mais la montagne passant la gueule entre tous les murs, ou l'horizon, plus grand qu'ailleurs, où se déversent et se

---

[15] J. Savigneau, *Le Monde*, 12.12.03. On notera la référence à la littérature réactionnaire du terroir – esprit du *Blut und Boden*, et à l'orientation politique du jury.

vident les maisons les chemins et les prés, *rappelleront à chaque instant qu'on y est : loin* […]

[La tante Léontine] appartient, comme Joseph, comme l'arrière-grand-père, à l'une des *deux peuplades, celle des Mongols : le visage large et rond, aux pommettes et aux arcades sourcilières marquées, les yeux bridés* ; [son mari … appartient à] « *celle des Sarrasins, avec leurs yeux charbonneux et leur peau mate* ». [Quant au cimetière de Bessèges, … il fait] *songer à ces églises de pueblos indiens où les statues bariolées de saints ressemblent à des effigies de dieux zapotèques*[16].

Le professeur, l'enfant du village et le zoulou manifestent une extraterritorialité de fiction dont l'écrivain est démuni mais à laquelle il adhère par l'artifice de l'écriture. La marginalité des personnages fournit un embrayage paratopique, bien réel lui, en conformité avec le positionnement de l'écrivain. De même que l'instance énonciative du narrateur-personnage des romans peut être reliée à celle de l'écrivain polémiste, elle est souvent confondue avec l'instance énonciative de la personne.

Embrayage paratopique de la personne

Manifestation de l'interpénétration de l'espace privé et de l'espace public, la voix de la personne se fait entendre derrière celle du narrateur, dès lors que le roman est perçu comme discours directement adressé.

Dans le roman *Pays perdu*, le narrateur retrace la vie des habitants d'un village du Cantal décrite comme très rude et marquée par l'alcoolisme, la solitude, le suicide... et il déplore la disparition d'un temps ancien supposé plus authen-tique. Or la personne civile de Pierre Jourde est précisément originaire du village de Lussaud dont les

---

[16] P. Jourde, *Pays perdu*, L'Esprit des péninsules, Paris, 2003. (C'est nous qui soulignons.)

habitants se reconnaissent dans les personnages. La réaction à ce qui est ressenti comme une marque de mépris ne se fait pas attendre : les villageois l'agressent physiquement pour le chasser à coup de pierres, lui et sa famille, du village dans lequel il revient pour les vacances[17].

Un véritable feuilleton s'ensuit, relayé par la presse. Marcel Jouhandeau, en son temps, avait dû subir le rejet des habitants de Guéret qu'il avait critiqués dans son roman *Chaminadour*. L'affaire Jourde prend, elle, des proportions sans égales. En saisissant la justice, l'écrivain fait de l'acte « littéraire » une affaire judiciaire. L'image qui se dégage d'une telle publicité ne fait que conforter un positionnement paratopique à triple détente. Le premier embrayage paratopique concerne l'écrivain : Jourde se désolidarise une première fois des villageois de Lussaud à travers la voix d'un personnage étranger à la communauté. Le deuxième embrayage paratopique concerne la personne : l'enfant du pays est exclu par les lecteurs-villageois qui n'identifient pas le roman comme une fiction. La troisième étape renvoie à nouveau à la paratopie de l'écrivain : Pierre Jourde accède à une visibilité accrue de son positionnement sur la scène littéraire à travers le statut de victime qui est conféré à la personne par la presse.

Les discours rapportés par les journaux et leurs commentaires aux accents emphatiques expriment leur soutien à l'écrivain. Ils manifestent en cela l'appartenance commune des « héritiers » et alimentent là encore une représentation partagée de la littérature, celle qui fait de l'écrivain véritable un maudit.

(1) Les plaintes des habitants sont discréditées par le choix du discours rapporté : la retranscription du langage oral renvoie à un registre relâché, bien loin du « style

---

[17] Similitude amusante, on se rappelle que Rousseau s'était plaint d'avoir été victime de lapidation dans sa retraite de Môtiers.

littéraire ». Ainsi, peut-on lire dans *Le Monde* du 7 juillet 2007 :

> Ce livre, il a mis de la méchanceté dans le village », avait observé Paul Anglade, en se refusant comme les autres à admettre une quelconque faute. « C'est nous les victimes ! », s'était lamentée une des femmes, au prétexte des histoires de famille divulguées dans le roman. « J'ai ma sœur, elle était handicapée mentale. Il a dit des moqueries dessus. Et puis, j'ai un gendre, il a dit qu'il avait une tête de sanglier et que ma petite fille, elle avait été élevée au cassis dans le biberon. Ma petite fille, elle va au collège, en sixième, et elle est la première de la classe ! », s'était-elle exclamée. « Ma mère, il l'a traitée de sulfureuse. Il s'est moqué de notre tas de fumier, aussi », avait observé le plus jeune[18].

(2) C'est avec une légèreté toute littéraire que le journaliste du *Figaro* fait part de l'événement dramatique. On peut lire dans l'article du *21 juin 2006* à propos d'« un écrivain lynché par ses personnages » :

> Imagine-t-on Hugo rossé par les Thénardier ? Zola pourchassé par quelques-uns des Rougon-Macquart ? Ou encore Christine Angot... L'histoire qui sera évoquée aujourd'hui devant le tribunal d'Aurillac, dans le Cantal, est en tout cas celle d'un romancier tabassé par ses créatures. Des personnages réputés « de fiction », puisque nés sous la plume d'un auteur. Mais qui existaient bel et bien et qui se sont malheureusement reconnus, sous leurs identités littéraires[19].

On notera l'usage répété de la métalepse narrative (*le romancier tabassé par ses créatures*) et de l'interrogation rhétorique pour évoquer le phénomène énonciatif en cause.

---

[18] « Procès : Les cinq habitants de Lussaud étaient poursuivis pour « coups et blessures » et « injures ». Sursis et amendes pour les agresseurs de l'écrivain Pierre Jourde. », *Le Monde*, 07.07.07.

[19] P.Burnat, « Un écrivain lynché par ses personnages », art. cit.

Une idéologie diffuse fonde la logique du commentaire : le lecteur averti ne tombe pas dans ce genre de piège et lorsque le péquin commet cette erreur, il succombe nécessairement au malheur. Le lecteur lettré conclura sans doute au déficit d'éducation, ce qui le distingue irrémédiablement des villageois.

Les journalistes, tout en manifestant leur compassion dans une tonalité épique, confirment la tension paratopique qui caractérise l'instance de la personne (qui relève de la sphère privée).

[...] C'est une histoire terrible et triste. En 2003, Pierre Jourde publie aux éditions L'Esprit des péninsules un roman, *Pays perdu*, 160 pages, pour dire l'amour excessif, irraisonné qui l'attache à ce village du Cantal où, écrit-il, « on n'arrive qu'en s'égarant. Rien à y faire, rien à y voir ». « C'est un pays perdu », dit-on. *Pas d'expression plus juste.*

[...] Pierre Jourde, ici, tout le village le connaît. Ses aïeux peuplent le cimetière. Son grand-père faisait dans la ferraille et les peaux de lapin, il s'est enrichi et les Jourde sont devenus la seule famille de Lussaud à employer des fermiers. Chaque été, le père de Pierre Jourde, Jean, qui avait quitté le Cantal pour une vie d'employé dans la banlieue parisienne, emmenait religieusement les siens passer leurs vacances dans la maison familiale.

De Lussaud, Pierre Jourde connaît chaque toit, chaque pénombre de ces fermes qui « sentent le lait suri et les étoffes moisies ». Sa mémoire est hantée de cousins Joseph ou Léon, de Berthe et de Léontine, de courses dans la seule épicerie du village, de cueillettes de mûres et d'images d'estive. De secrets de famille, aussi, comme celui des « amours contrariées » dont Jean Jourde est issu, qui ne fut reconnu qu'in extremis par son père.

[...] « Je suis fier d'être de Lussaud », soulignait-il encore, en ajoutant que, comme son père, il voulait être enterré là-haut, dans le vieux cimetière de pierres. [...] A la veille de son procès, Pierre Jourde en parlait avec des larmes au bord des yeux: « C'est une manière de dire qu'ils m'ont toujours détesté. » « *C'est le pire des statuts que d'être à la fois d'ici et pas d'ici* », ajoutait-il (c'est nous qui soulignons)[20].

Ils n'avaient voulu entendre ni les mots de l'écrivain – « Cest un malentendu, tout ce qui est dit dans ce livre est dans l'empathie » ni ceux du père révolté qu'on puisse s'enprendre à ses enfants. « T'avais qu'à par revienir de sitôt ! » ; lui avait lancé une des prévenues [21].

On voit nettement que les acteurs du drame, pas plus que ceux qui l'orchestrent ne peuvent séparer dans leur discours l'écrivain et la personne, la notion d'auteur résultant précisément de ce lien inextricable auquel la voix de l'inscripteur donne encore une autre dimension. On notera tout particulièrement l'expression de sa paratopie dans les

---

[20] P. Robert-Diard, « Scènes de chasse dans le Cantal », Le Monde, rubrique « Justice », 22.06.07. Un autre journaliste, Bruno-Serge Leroy, réitère le commentaire, dans un second article dans l'édition du même jour, « 'Le pardon, il ne le connaîtra pas' » : « Il a fait ressortir des choses vilaines. Et je n'ai trouvé personne pour me dire : 'ce qu'il a fait, c'est bien.' Le premier magistrat précise sa pensée : '*Lussaud existe pour les gens qui y habitent.*' Implantée depuis des générations dans ce hameau typique du Cézallier, la famille Jourde y possède plusieurs maisons. Et une ferme, exploitée par un agriculteur, neveu de l'un des hommes aujourd'hui mis en examen. A l'entrée du hameau, derrière la grille entrouverte, le nom de Jourde est gravé au fronton de trois caveaux, sur la vingtaine que compte le cimetière. » Patrice Burnat, dans *Le Figaro*, 21.06.2007, reprend le couplet : « D'abord, planter le décor. Cela se passe à Lussaud, minuscule village du nord du Cantal. Quelques fermes, une poignée de familles installées là, à 1 000 mètres d'altitude, depuis des temps immémoriaux ; qui pourrait bien, aujourd'hui, choisir d'aller y faire sa vie ? Pierre Jourde, littérateur, enseignant, romancier, est, lui, de cette terre. Il y possède maison et ferme en activité. Sa mémoire est là, et celle de son père, et celle de ses ancêtres. Alors, il vient souvent : pour les fêtes, pour les vacances. Par amour, par devoir, par passion : allez savoir... » (C'est nous qui soulignons.)

[21] P. Robert-Diard. *Le Monde*, 07.07.07

propos rapportés de Jourde : « *C'est le pire des statuts que d'être à la fois d'ici et pas d'ici* », paradigmatiques de la tension entre appartenance et bannissement.

Embrayage paratopique de l'inscripteur

Il nous faut à présent montrer comment la voix de l'inscripteur converge avec celles de l'écrivain et de la personne pour contribuer au positionnement paratopique de l'auteur.

(1) L'inscripteur entend faire date et cherche à trouver place dans une tradition de défense des Belles lettres. C'est ainsi que Jourde dit au journaliste de la revue *Flucuat.net* :

> La polémique a disparu à peu près complètement de la vie culturelle française. Au XIXe siècle, on se battait encore pour des questions littéraires. Leconte de Lisle provoquait en duel Anatole France. Robert Caze se faisait tuer par Charles Vignier. On songe à Barbey d'Aurevilly, Bloy, Huysmans. Le pamphlet était un grand genre. Au XXe siècle ? Les surréalistes contre France, Barrès, Rachilde. Les futuristes. Sartre et Céline. Gracq. Jacques Laurent. On bataille un peu sur la question du Nouveau roman. Depuis trente ans, rien, ou presque. Des empoignades télévisées sans contenu[22].

En déclarant reprendre le flambeau d'une pratique jugée disparue, l'écrivain marque sa volonté de passer à la postérité. Il prétend se charger d'une action d'agitateur qu'il juge salvatrice et qui le désigne comme héraut de la « vraie » littérature.

(2) La doxa se plaît à souligner trois caractéristiques de la littérature : ce sont la place centrale du texte, l'évidence d'un message à livrer et la nécessité de la panthéonisation de

---

[22] Kzino, « La littérature sans estomac », *Flucuat.net*, revue littéraire en ligne, <http://www.fluctuat.net/livres/chroniques02/estomac.htm>.

l'auteur. Nous les retrouvons dans ces extraits d'une interview que Jourde accorde à *Flucuat.net* :

> Flu. : On analyse le montage des coups littéraires et la fabrication des prix, on présente tel ouvrage en parlant de son auteur ou du sujet du livre, mais qui parle du texte ? Qui regarde de près les mots, les phrases en essayant de fonder un jugement littéraire ? J'ai précisément écrit cet ouvrage parce que j'étais las qu'on ne cesse de parler autour des textes et non pas des textes.
>
> P. Jourde : A ma grande surprise, les critiques ont été très nombreuses, et très majoritairement favorables. Je ne sais pas dans quelle mesure le message peut être entendu, parce que même certains articles favorables reposent sur un malentendu. Il faudrait qu'un livre soit vraiment lu pour que le message passe, et parfois je me pose la question : l'a-t-il été ? Ce qui est très encourageant en revanche, ce sont toutes les lettres de lecteur me disant qu'ils en avaient assez que la critique soutienne sans sourciller des livres d'une bêtise à hurler. Je ne crois pas qu'on puisse vaincre la grosse machine à produire de mauvais livres. Mais on peut essayer de donner des coups d'épaules pour ménager le petit espace dont ont besoin les vrais livres.
>
> Flu. : Votre travail appelle une réflexion sociologique sur le statut de la littérature et de l'auteur : comment expliquez-vous qu'en France, aujourd'hui, l'écrivain demeure un personnage mythique, fortement valorisé, conduisant ainsi des cohortes de jeunes gens à tenter leur chance, malgré un manque de talent évident ?
>
> P. Jourde : Pourquoi c'est ainsi en France, je n'en sais rien, j'imagine qu'une ancienne et riche tradition littéraire ne disparaît pas comme ça. Et c'est heureux. En outre, notre système éducatif valorise l'image de l'écrivain. Beaucoup de gens écrivent, il y a forcément du déchet, mais dans la masse on trouve des quantités de gens intéressants. Leur problème est de publier : les éditeurs, accablés de manuscrits, ne voient plus rien, et jugent trop souvent, à mon sens, sur des critères peu littéraires.

Quelle que soit l'opposition, rencontrée ou réclamée, la perspective ultime demeure la reconnaissance de l'œuvre. Il est attendu de l'écrivain qu'il mythifie l'auteur et déclare sa haine des pratiques du champ littéraire, en prônant d'une part l'autonomie de l'écriture – le corps du texte subsumant toute incarnation – et d'autre part la fonction révolutionnaire du poète.

(3) L'ostracisme dont l'écrivain et la personne se prétendent victimes peut être envisagé comme bénéfice symbolique affecté à l'inscripteur. C'est clair aux yeux de certains : dans l'article du *Monde* du 22 juin 2007, les mots du maire du village de Lussaud sont repris : « Nous n'avons rien à gagner avec cette histoire, contrairement à lui »[23]. On peut lire dans le journal québécois, *Le devoir.com* les mots suivants :

> Un auteur en vue dans la presse, miroir des nouvelles et des faits divers, *s'attire une notoriété sans nécessaire rapport avec les enjeux de la littérature*. Qu'on pense à Houellebecq. *Pierre Jourde l'a compris*. En 2002, il lançait des escarmouches, qui ont pris feu. Dans son essai, *La Littérature à l'estomac*, il s'en prend au milieu littéraire, écrivains, éditeurs et publicistes, et aux journalistes. À des

---

[23] Cf. article de B.-S. Leroy, « Rien à gagner », Le *Monde*, 22.06.07 : « 'Ça nous fait mal', explique cette grand-mère à la porte de sa maison. Au bord des larmes, elle se souvient des 'grandes fêtes que l'on faisait avant. Tout le monde se connaissait. Pierre venait jouer aux cartes'. Sortant un mouchoir de sa blouse, elle essuie rapidement ses yeux rougis : 'On ne sait pas pourquoi il a fait ça...' 'Si on aime Lussaud, comme il l'a écrit, alors on prend les gens qui vont avec. Et on se garde bien d'écrire des choses. *Nous n'avons rien à gagner avec cette histoire, contrairement à lui', affirme le maire.* 'Je défends les habitants de Lussaud. Ce ne sont pas des assassins. Qu'ils aient voulu l'engueuler, je comprends. Mais le village ne l'attendait pas de pied ferme. Certains habitants le vivent très mal, et l'ambiance est déplorable. Le pardon des habitants, il ne le connaîtra pas', ajoute-t-il. »

figures aussi notoires que Sollers, Darrieussecq ou Angot, il décerne des prix citron[24].

Si la journaliste décèle une stratégie, elle méconnaît que les enjeux de la littérature sont précisément inséparables des enjeux des discours qui la portent ; le « texte littéraire », dès lors qu'il est abordé comme une production discursive et non plus comme « texte » intemporel, ne peut être isolé de l'étude du discours média-tique nécessaire à son existence et de l'interdiscours en général. Malgré la foi tenace en la clôture du texte, il n'y a pas de *dehors* du discours littéraire mais, comme nous l'avons montré, un ensemble de contributions qui donne lieu à l'émergence de figures d'auteur. Grande littérature et médiatisation font bon ménage quoi qu'en disent les acteurs du champ. La contradiction apparente d'un tel rapprochement est levée dès lors que l'on recrute la notion de paratopie.

(4) S'il ne peut escompter la gloire, l'auteur n'en est pas moins porté par son désir de durer en dépit des contraintes qu'imposent le corps et l'argent. En réponse à la question d'un journaliste de *Fluctuat.net* quant à la « peoplelisation » des auteurs, Jourde admet la nécessité de se faire reconnaître, mais il affiche sa volonté de restituer sa pleine autorité à l'œuvre littéraire. L'interview à propos de *La littérature sans estomac* le dit clairement :

> Il est légitime que l'écrivain cherche à se faire connaître, en passant par la télévision, la radio, les journaux. Simplement, en général, c'est le contraire qui se passe : le top model ou le journaliste, déjà célèbre, en profite pour accumuler un peu plus de valeur symbolique en faisant l'écrivain. Il dispose à l'avance d'un capital de notoriété qui lui permettra de publier n'importe quoi. En outre, ce qui pose problème, c'est la marchandisation, c'est-à-dire la

---

[24] G. Massoutre, « Littérature française – L'ancien et le nouvel univers de Pierre Jourde », *Le devoir.com*, 24–25 septembre 2005 (c'est nous qui soulignons).

soumission de l'écrivain aux media qui lui demandent de se prostituer. Je veux bien qu'un écrivain utilise les media pour dire quelque chose de son œuvre. Au moins pour signaler qu'elle existe. Mais que l'œuvre devienne un prétexte pour parler de ses amours, de ses recettes de cuisine, de son goût pour le jardinage, c'est-à-dire pour alimenter le voyeurisme généralisé, je trouve cela répugnant. Alors la littérature devient une activité d'animation comme une autre, un simple auxiliaire du fétichisme de la célébrité[25].

Mais la question que pose l'analyse de discours est ailleurs, elle n'est pas celle de la condition des écrivains dans le champ littéraire dont fait état aussi par exemple le sociologue Bernard Lahire dans son ouvrage *La Condition littéraire. La double vie des écrivains*[26] Notre étude est celle de l'interdiscours qui supporte – au sens sportif du terme – le nom d'auteur. Qu'il soit le fait du travail complexe de l'écrivain, de la personne, de la personne et de l'inscripteur ou qu'il émane des critiques, de journalistes ou de la projection lectorale dans la fiction romanesque, la co-construction de l'auteur s'opère d'une voix unanime.

---

[25] Kzino, « La littérature sans estomac, Interview de Pierre Jourde », *Flucuat.net, http://www.fluctuat.net/livres/interview/jourde.htm.*
[26] B. Lahire, *La Condition littéraire. La double vie des écrivains*, Paris, La Découverte, coll. « Textes à l'appui », 2006.

Inger Østenstad

AU-DELÀ DE « L'HOMME ET L'ŒUVRE ». LA SUBJECTIVITÉ ÉNONCIATIVE ET LA CONSTRUCTION AUCTORIALE CHEZ DAG SOLSTAD

L'analyse du discours littéraire invite à aborder d'une manière nouvelle certaines questions que les théories dominantes des études littéraires n'ont pas su résoudre jusqu'à présent. Le problème de l'identité de l'énonciateur et de la genèse de cette identité, par exemple, est une question épineuse que la séparation essentielle entre l'écrivain comme instance extérieure à l'œuvre et le narrateur comme instance intérieure a mise de côté. Dans le cas de l'interprétation d'un texte littéraire pris isolément, cette séparation peut bien sûr défendre l'idéal d'une lecture sans préjugés, mais elle accomplit l'inverse quand il s'agit de comprendre la dynamique qui crée le renom d'un «vrai» écrivain et de la totalité de son œuvre. Dans cet article je vais explorer le modèle du «nœud borroméen» proposé par Dominique

Maingueneau et la compréhension qu'il permet de l'identité de l'énonciateur du discours littéraire. Je me servirai comme exemples de quelques passages d'œuvres de l'écrivain norvégien Dag Solstad.

À la suite de plusieurs traductions en anglais, allemand, espagnol et italien ces dernières années, 2008 a vu paraître *Honte et dignité* (Les Allusifs), la première tentative de rendre un roman de Dag Solstad en français. Dans son pays natal, Dag Solstad est sans aucun doute l'écrivain vivant qui jouit de la plus grande reconnaissance littéraire depuis quatre décennies [1]. « On peut même se demander si aucun autre écrivain scandinave de sa génération a une position aussi forte, » commente un critique suédois [2]. Lors de la publication de son roman *Ellevte roman, bok atten* ([Onzième roman, dix-huitième livre], 1992) en allemand, il a été présenté comme « l'espoir norvégien d'un prix Nobel » [3]. Son œuvre a connu toutes les transformations nécessaires pour être à la pointe de l'actualité et son renom n'a cessé de croître depuis ses débuts en 1965. Dans l'analyse qui va suivre, je vais donner un aperçu de quelques-unes de ses œuvres des deux dernières décennies.

Le nœud borroméen

Le « nœud borroméen » est la métaphore proposée par Maingueneau pour visualiser l'interdépendance, le

---

[1] En français, il existe jusqu'à présent deux articles sur Dag Solstad: B. R. Mangset et G. Vogelweith, in *Europe*, n° 64, p. 137–147. Paris ; et A. B. Rønning, in *Revue de Littéraire Comparée* n°. 66, p. 265–282. Paris. Pour un résumé de l'œuvre de Solstad, voir Eydoux 2007.

[2] « Frågan er om någon annan skandinavisk författare i hans generation har en lika stark position » (T. Forser, in Expressen 6.12.1997. Stockholm).

[3] « Norwegische Nobelpreis-Hoffnung » (K. Hillgruber, in Der Bund 25.11.2004. Berne).

rassemblement et la dispersion des trois instances de la subjectivité énonciative du discours littéraire. Les instances que sont la « personne », « l'écrivain » et « l'inscripteur » sont liées de telle manière que l'on ne peut désigner aucune d'elles comme étant la source ou le fondement de leur interdépendance. En même temps qu'elles se différencient et se dispersent, elles ne peuvent pas être séparées.

La « personne » désigne l'être humain et la personne physique. L'« écrivain » est l'acteur qui joue le rôle d'écrivain dans le champ littéraire. L'« inscripteur » est une nouvelle notion qu'il est nécessaire d'étudier d'un peu plus près :

> Quant au néologisme « inscripteur », il subsume à la fois les formes de subjectivité énonciative de la scène de parole impliquée par le texte […] et la scène qu'impose le genre de discours : romancier, dramaturge, nouvelliste… L'« inscrip-teur » est en effet à la fois énonciateur d'un texte particulier et, qu'il le veuille ou non, le ministre de l'institution littéraire qui donne sens aux contrats impliqués par les scènes génériques et s'en porte garant. (Maingueneau 2004 : 107–108)

L'inscripteur inclut ainsi les subjectivités énonciatives appartenant (1) à la scène englobante, (2) à la scène générique et (3) à la scénographie impliquée par le texte. À la différence du narrateur traditionnel, qui est enfermé dans le texte et séparé absolument de la personne physique de l'écrivain et du rôle d'écrivain joué par cette personne dans l'espace public, l'inscripteur reste dépendant et séparé des deux autres instances. Dans le discours littéraire, les trois instances se traversent, se soutiennent et se créent réciproquement. Les registres générique et textuel de l'inscripteur naissent des possibilités et des contraintes offertes par la personne et par l'écrivain. La personne n'est pas un destin préétabli, mais une adaptation progressive à l'énonciation de l'inscripteur et à l'activité de l'écrivain. Le rôle et le mode d'opération de l'écrivain sont à la fois déterminés par l'inscripteur et la personne et déterminants pour eux. Et ainsi de suite. Dans une de ses formules caractéristiques, Maingueneau désigne la paratopie comme « le clinamen qui rend possible ce nœud et que ce nœud rend possible » (Maingueneau 2004 : 108). La paratopie, notion que Maingueneau a introduite pour désigner « la relation paradoxale d'inclusion/exclusion dans un espace social qu'implique le statut de locuteur d'un texte relevant des discours constituants » (Maingueneau in Charaudeau & Maingueneau 2002 : 420), est donc à la fois la source et le produit du nœud borroméen de l'énonciation littéraire. La paratopie crée et est créée par la différenciation qui divise la subjectivité énonciative en trois instances, mais elle crée et elle est aussi créée par les convergences qui sont nécessaires pour que le nœud se noue.

Les trois instances sont moins les aspects divers d'une unité que des relations instables de différences qui rendent le nœud plus grand que la somme de ses éléments pris isolément. Dans les exemples qui vont suivre, nous allons voir comment ces subjectivités sont embrayées sur la situation de l'énonciation au moyen de trois catégories d'embrayeurs : (1) La catégorie décrite par Roman Jakobson comme un ensemble de signes qui combinent les fonctions de symbole associé à l'objet représenté par une règle conventionnelle et d'index étant dans une relation existentielle avec l'objet qu'il représente, et dont l'exemple donné par Jakobson est le pronom personnel (Jakobsen 1963 : 178–79). (2) La catégorie d'embrayeurs paratopiques introduite par Maingueneau et décrite comme « des éléments d'ordres variés qui participent à la fois du monde représenté par l'œuvre et de la situation à travers laquelle s'institue l'auteur qui construit ce monde » (Maingueneau 2004 : 96). (3) La catégorie d'embrayeurs littéraires que je me propose d'introduire et de décrire comme les éléments transtextuels « qui mettent le texte en relation manifeste, ou secrète, avec d'autres textes » (Genette 1982 : 7) et qui renvoient aux trois niveaux de la scène d'énonciation du discours littéraire, c'est-à-dire la scène englobante, la scène générique et la scénographie du discours.

1er exemple : *Un jeu paradoxal*

Voici un extrait du roman autobiographique *16-07-41* (2002), dont le titre est la date de naissance de l'auteur.

Je n'ai pas non plus écrit sur les navires. Il n'y a guère de navires dans mes romans. Et moi qui toujours me suis tant intéressé aux navires, et dans les faits, et comme image. De fiers navires. Mon frère était marin. Je sais ce qu'est un port, mais le mot n'est jamais parvenu jusqu'à mon écriture. Pas de quais non plus. De remarquables objets, un air étrange jusque dans l'expression par le langage, mais on ne les trouve pas parmi mes accessoires poétiques. Je connais la mer, mais elle paraît avoir peu d'importance pour moi après tout. Je sens mon cœur battre quand je vois un beau navire, mais il ne demeure pas en moi après être passé. Je n'ai écrit sur presque rien de ce que je connais bien, même intimement. Ce sur quoi j'ai écrit est autre chose, souvent des choses que je connais peu, en tout cas avant de commencer à écrire à leur sujet. Les trains, pas les navires. Les paysages à l'intérieur des terres, pas la mer. Les forêts sombres, pas les brises marines. Les rivières, pas les fjords. Les villes à l'intérieur de la Norvège, pas les villes côtières. Pourquoi mon écriture n'a-t-elle pas su renfermer ce que je connais profondément depuis mon enfance à Sandefjord ? Les images de là. Je pensais qu'il y avait quelque chose de sinistrement neutre en moi. J'ai si peu de liens avec ce à quoi je devrais être relié. Ce n'est pas que j'aie chassé de ma vie réelle tout ce qui concerne mon enfance à Sandefjord. Je n'ai pas eu de raison de renier la mer. Ou les navires. Ou le quai dans ma conscience. Mais ils ne me sont pas venus dans ce qui compte pour moi dans ma vie.

L'écriture, la poésie. C'est moi pas Dag Solstad de Sandefjord. Là, je suis un autre. Ce qui concerne Dag Solstad ne compte pas assez pour moi, même pas les choses auxquelles je suis attaché. Tout dans ma vie est écriture[4].

Les trois instances de la subjectivité énonciative sont jouées les unes contre les autres dans la scénographie de ce passage, rendu paradoxal par le jeu. En écrivant par exemple : « [L]e mot [port] n'est jamais parvenu jusqu'à mon écriture, » le fait même de l'écrire nie ce qui est écrit. En outre, dans la nouvelle « Herr P's lørdag [Le samedi de monsieur P] » dans le recueil de nouvelles *Spiraler* ([Spirales] 1965) qui marque ses débuts littéraires, un

---

[4] « Heller ikke har jeg skrevet om skip. Det finnes knapt et skip i mine romaner. Og jeg som alltid har vært så opptatt av skip, både faktisk, og som bilde. Stolte skip. Min bror var sjømann. Jeg vet hva en havn er, men ordet har aldri nådd fram til min skrift. Heller ikke brygger. merkverdige gjenstander, en merkelig lød i selve det språklige uttrykk, men de finnes ikke blant mine dikteriske rekvisitter. Jeg kjenner havet, men det betyr åpenbart lite for meg når alt kommer til alt. Jeg kjenner hjertet slå når jeg ser et vakkert skip, men det forblir ikke i mitt indre etter at det har seilt forbi. Nesten ingenting av det jeg har god, og til og med kjærlig kjennskap til, har jeg skrevet om. Det jeg har skrevet om, er noe annet, ofte ting jeg har liten kjennskap til, i hvert fall før jeg har begynt å skrive om det. Tog, ikke skip. Innlandslandskap, ikke hav. Dystre skoger, ikke havbris. Elver, ikke fjorder. Byer i det indre av Norge, ikke kystbyer. Hvorfor har ikke min diktning hatt plass til det jeg har djup kjennskap til fra min oppvekst i Sandefjord? Bilder derfra. Jeg tenkte at det var noe uhyggelig pregløst over meg. Jeg har så få forbindelser til det jeg burde ha hatt forbindelse til. Det er ikke det at jeg har fortrengt fra mitt egentlige liv alt som har med oppveksten i Sandefjord å gjøre. Jeg har ikke hatt noen grunn til å fornekte havet. Eller skipene. Eller brygga i min bevissthet. Men de har ikke kommet til meg i det som betyr noe for meg i mitt liv. Skrivingen, diktningen. Det er jeg ikke Dag Solstad fra Sandefjord. Der er jeg en annen. Det som har med Dag Solstad å gjøre, betyr ikke nok for meg, selv ikke ting jeg har et kjært forhold til. Alt i mitt liv er skrift » (Solstad 2002 : 163–64). Les traductions des textes de Solstad en français sont d'A. M. Ribi.

homme descend tous les samedis au port à l'arrivée du navire avec l'intention de voyager, mais il n'arrive jamais à embarquer. Les mots « navire », « port » et « quai » sont aussi fréquents dans *Medaljens forside*. *En roman om Aker* ([L'avers de la médaille. Un roman sur Aker] 1990) qui dans sa totalité raconte l'histoire du plus grand chantier naval norvégien. En donnant le sous-titre de « roman » à l'histoire de l'entreprise d'Aker, dont il avait accepté d'écrire l'histoire à l'occasion des 150 ans de cette entreprise, Solstad a provoqué l'institution littéraire. Le comité d'Etat chargé de l'achat d'œuvres littéraires (Statens innkjøpskomité for skjønnlitteratur), qui gère le subventionnement de la littérature norvégienne, a nié que ce livre appartînt aux « belles lettres ». Le livre a aussi été critiqué pour être une histoire d'entreprise assez conventionnelle. À l'époque, Solstad a bien sûr défendu son « roman ».

Si les mots « navire », « port » et « quai » ne sont « jamais parvenu[s] jusqu'à [son] écriture, » cela peut impliquer que le « roman sur Aker » est renié dans ce « réglage interne de l'Opus », et que l'attribution provocante de ce texte au genre du roman dix ans auparavant, n'a plus d'importance. Ou alors, c'est que le positionnement paratopique de l'inscripteur nécessite le désaveu de l'écriture antérieure pour permettre sa recréation et son indépendance innovatrice.

Dans le passage cité, il y a beaucoup d'embrayeurs sous forme de pronoms, et la distribution des embrayeurs entre les différentes subjectivités énonciatives ne peut pas être faite sans interprétation. À quelle subjectivité se rapporte par exemple le « je » de « Je n'ai pas non plus écrit sur les navires » ? Si l'on exige un message véridique et que l'on considère que l'instance de l'inscripteur naît du discours et dans le discours, seul l'inscripteur peut affirmer une telle chose. La phrase suivante est paradoxale : « Il n'y a guère de navires dans mes romans ». Selon les mêmes critères, le pronom « mon » peut seulement se référer à la personne et à l'écrivain qui avec cette assertion renient que *Medaljens forside* [L'avers de la médaille] est un roman. L'inscripteur qui est créé par le roman qu'il crée et dans lequel il vient d'introduire le mot « navire » est une subjectivité qui vient de naître et qui n'a rien écrit auparavant. Dans la phrase « Et moi qui toujours me suis tant intéressé aux navires, et dans les faits, et comme image », le « moi » se rapporte à la personne qui est née dans une ville côtière, qui a vécu une grande partie de sa vie sur la côte et qui, de plus, a dans la réalité de l'état-civil, un frère aîné qui est devenu marin.

C'est en en m'appuyant sur des réflexions de cet ordre que j'ai distribué les embrayeurs et marqué les pronoms par un **P** pour la personne, un **E** pour l'écrivain, et un **I** pour l'inscripteur :

> Je (**I**) n'ai pas non plus écrit sur les navires. Il n'y a guère de navires dans mes (**PE**) romans. Et moi (**P**) qui toujours me suis tant intéressé aux navires, et dans les faits, et comme image. De fiers navires. Mon (**P**) frère était marin. Je (**PEI**) sais ce qu'est un port, mais le mot n'est jamais parvenu jusqu'à mon (**EI**) écriture. Pas de quais non plus. De remarquables objets, un air étrange jusque dans l'expression par le langage, mais on ne les trouve pas parmi mes (**EI**) accessoires poétiques. Je (**P**) connais la mer, mais elle paraît avoir peu d'importance pour moi (**EI**) après tout. Je (**P**) sens mon cœur battre quand je (**P**) vois un beau navire, mais il ne demeure pas en moi (**EI**) après être passé. Je (**EI**) n'ai écrit sur presque rien de ce que je (**P**) connais bien, même intimement. Ce sur quoi j' (**EI**) ai écrit est autre chose, souvent des choses que je (**P**) connais peu, en tout cas avant de commencer (**EI**) à écrire à leur sujet. Les trains, pas les navires. Les paysages à l'intérieur des terres, pas la mer. Les forêts sombres, pas les brises marines. Les rivières, pas les fjords. Les villes à l'intérieur de la Norvège, pas les villes côtières. Pourquoi mon (**EI**) écriture n'a-t-elle pas su renfermer ce que je (**P**) connais profondément depuis mon (**P**) enfance à Sandefjord ? Les images de là. Je (**P**)

pensais qu'il y avait quelque chose de sinistrement neutre en moi (**EI**). J' (**EI**) ai si peu de liens avec ce à quoi je (**PE**) devrais être relié. Ce n'est pas que j' (**EI**) aie chassé de ma (**P**) vie réelle tout ce qui concerne mon (**P**) enfance à Sandefjord. Je (**EI**) n'ai pas eu de raison de renier la mer. Ou les navires. Ou le quai dans ma (**P**) conscience. Mais ils ne me (**EI**) sont pas venus dans ce qui compte pour moi (**EI**) dans ma (**PE**) vie. L'écriture, la poésie. C'est moi (**EI**) pas Dag Solstad de Sandefjord (**PE**). Là, je (**P**) suis un autre. Ce qui concerne Dag Solstad (**P**) ne compte pas assez pour moi (**EI**), même pas les choses auxquelles je (**PE**) suis attaché. Tout dans ma (**EI**) vie est écriture.

La distribution des instances aurait sans doute pu être faite différemment. Mais à la manière dont j'ai procédé, on voit comment les instances se repoussent et s'attirent. La distinction entre **P** et **E/I** est établie avec la répétition de formules qui structurent leurs oppositions :

« Je (**P**) sais ce qu'est un port, mais le mot n'est jamais parvenu jusqu'à mon (**EI**) écriture. »

« Je (**P**) connais la mer, mais elle paraît avoir peu d'importance pour moi (**EI**) après tout. »

Ailleurs, l'écrivain **E** est placé entre la personne **P** et l'inscripteur **I** :

« J' (**EI**) ai si peu de liens avec ce à quoi je (**PE**) devrais être relié. »

« C'est moi (**EI**) pas Dag Solstad de Sandefjord (**PE**). »

Les embrayeurs paratopiques peuvent prendre « des formes très variées », selon Maingueneau, le rôle essentiel étant joué par « les positions maximales et minimales » sur « des axes sémantiques majeurs, qui reprennent les divers types de paratopie : d'identité, spatiale, temporelle, linguistique, avec tous les croisements et métaphorisations imaginables » (Maingueneau 2004 : 96). Les embrayeurs paratopiques sont ici à la fois créés par et créateurs de l'opposition entre affirmation et reniement qui structure tout le passage. L'embrayage paratopique a lieu également sur l'axe linguistique avec la ponctuation étrange dans la phrase : « Je n'ai pas eu de raison de renier la mer. Ou les navires. Ou le quai dans ma conscience. » Tandis que les embrayeurs littéraires sont les mots « roman », « écriture » et « accessoire poétique », mais aussi les mots « train », « paysage à l'intérieur des terres », « les forêts sombres », « les villes à l'intérieur de la Norvège » qui se rapportent à l'œuvre de Solstad.

La fin du paragraphe différencie l'inscripteur et l'écrivain de la personne. L'inscripteur, bien sûr, n'a pas de vie hors de l'écriture. Aussi l'écrivain peut-il dire : « Tout dans ma vie est écriture. » Tandis que la personne ne peut pas s'exprimer de la sorte. La « dépersonnalisation » de l'énonciateur du discours littéraire est si typique qu'il n'est pas difficile de trouver des formules qui ressemblent à celle-ci. Michel Leiris, par exemple, écrivait: « Ma vie vivante a pour sang l'encre de mon style ».

En insistant sur les données biographiques et tout en les reniant, l'auteur crée un non-lieu énonciatif où l'écriture est à la fois impersonnelle et personnelle.

La mise en scène du nœud

La totalité de *16-07-41* met en scène le nœud borroméen de la subjectivité énonciative. Les deux chapitres du roman ont des notes de bas de page où l'énonciateur réfléchit aux choix qu'il a faits en écrivant le livre. Dans le premier chapitre, l'écrivain est gêné dans son activité. Il va à la foire du livre à Francfort, mais l'avion ne peut pas atterrir à cause de brouillard et tourne au-dessus de la ville. Dans les nuages, la personne voit son père, qui est mort quand il avait onze ans, et il sort de l'avion pour s'en approcher. Il entre dans un paysage céleste et mythique. « Je contemplais ce paysage paradisiaque, trouvant naturel de voir des anges, des animaux fabuleux et des scènes allégoriques dans ce panorama sphérique[5]. » Le passage est ancré dans la relation biographique entre le père et le fils, tout en donnant l'impression que l'inscripteur s'est laissé emballer par un enchaînement d'associations religieuses et littéraires, et que c'est seulement avec un certain effort que la personne peut se porter garante de ces visions : « Ai-je vu le trône de Dieu ? Oui il me semble, j'ai bien vu le trône de Dieu, et les multitudes assemblées autour de lui. Mais je n'ai pas vu Dieu lui-même, il était absent à mes yeux[6]. » Les notes de bas de page démentent qu'il y ait de la spontanéité dans l'écriture et elles portent l'attention sur le travail de composition propre à l'inscription littéraire.

Le deuxième chapitre du roman met en scène la personne de Dag Solstad dans sa vie quotidienne, dix ans plus tard. Il a déménagé à Berlin (ce qui est un fait) et il ne parle pas l'allemand (plus douteux). Étranger, il se promène dans la ville, réfléchissant au rôle historique qu'elle a joué et à sa géographie. Ce « particulier », promeneur solitaire, incarne le personnage romantique de l'écrivain. Sans le dire explicitement, le roman laisse entendre que la personne a déménagé à Berlin pour échapper à l'écrivain. Vers la fin du roman, l'écrivain entre tout de même à nouveau en scène. Il va au festival norvégien de littérature à Lillehammer, où il donne une conférence. Le roman reproduit *in extenso* le texte de la conférence intitulée « Pouvoir d'écrivain/pouvoir de lecteur ». Puis la personne va dans sa ville natale de Sandefjord pour célébrer les 40 ans de son baccalauréat avec ses camarades de classe. Ayant oublié l'invitation, il ne

---

[5] « Jeg skuet utover dette paradisiske landskap, og fant det naturlig å se engler, fabeldyr og allegoriske forestillinger innenfor dette sfæriske panorama. » (*Op.cit.* : 22)

[6] « Så jeg Guds trone? Ja jeg mener det, jeg kunne godt se Guds trone, og skarene som var samlet omkring den. Men gud selv så jeg ikke, han var fraværende for meg. » (*Op.cit.* : 29)

parvient pas à trouver la fête. Quand il la localise enfin, il découvre qu'elle a lieu dans l'appartement même où il vécut enfant. Incapable d'attirer l'attention de ses camarades, il reste dehors à les regarder par la fenêtre. On pourrait croire que c'est la personne qui domine cette dernière scène, proche de la parodie, mais c'est faux. Ceci est un exemple de ce que Solstad appelle « se mettre en scène soi-même comme roman » dans sa conférence à Lillehammer, et le metteur en scène d'une telle opération est l'inscripteur (je vais y revenir). Le roman se termine par la création du mythe de l'origine de l'écrivain : « Je ne puis que l'admettre. Je n'ai plus été moi-même depuis la mort de mon père. J'ai été l'écrivain Dag Solstad »[7].

2ème exemple : Rendre élocutif le régime délocutif

Le roman *16-07-41* appartient sans aucun doute au régime « élocutif » dans lequel l'inscripteur, l'écrivain et la personne sont mobilisés conjointement et s'entremêlent. Ce régime textuel semble dominer dans le discours littéraire contemporain, mais il a été mal vu par les défenseurs de la norme esthétique moderniste. *Medaljens forside. En roman om Aker* ([L'avers de la médaille. Un roman sur Aker] 1990), par contre, appartient plutôt au régime « délocutif » dans lequel l'auteur s'efface devant les mondes qu'il instaure[8]. Cependant, l'in-scripteur se manifeste de manière presque ostentatoire ; on y repère aussi une certaine présence de l'écrivain, tandis que la personne reste très anonyme. Les deux livres ont la même attribution générique de roman, mais seul *16-07-41* est réellement reconnu comme tel. En considération de la position unique de l'écrivain dans le

---

[7] « Jeg kan bare innrømme det: jeg har ikke vært meg selv siden far døde. Jeg har vært forfatteren Dag Solstad. » (*Op.cit.* : 211)

[8] Pour les deux régimes de la littérature, voir Maingueneau 2004 : 109–12.

champ littéraire, la raison pour laquelle ce livre n'a pas été admis dans l'espace canonique ne peut pas seulement être que le genre – une histoire d'entreprise – est trop fortement ancré dans un espace non-canonique ; la raison est aussi – et peut-être surtout – que ce texte ne noue pas le nœud borroméen.

Dans son histoire de la naissance et de la gloire de l'entreprise d'Aker, Solstad dit s'en tenir strictement aux faits, sans ajouter d'éléments de fiction. Dans les essais qu'il a publiés pour défendre ce roman, il a expliqué que comme romancier, il a mis l'accent sur d'autres aspects et d'autres détails de l'histoire que ne l'aurait fait un historien. Ce qu'il appelle la « nécessité du roman », explique-t-il, l'a amené à donner de l'importance aux grands projets qui n'ont jamais été réalisés et à des événements sans importance économique. Dans cette histoire d'un succès industriel, économique et social, où l'écrivain assume le rôle d'un peintre de cour, ces projets utopiques deviennent des embrayeurs paratopiques en laissant paraître les propriétaires de l'entreprise, protagonistes de ce « roman », comme des capitalistes mégalomanes. Sa fidélité aux faits historiques n'est pas non plus totale. Ses critiques ont, par exemple, démontré que le récit devient fiction lorsque l'inscripteur se laisse inspirer par la belle écriture qu'il lit dans les procès-verbaux du syndicat et invente un passé et un futur appropriés au secrétaire qui les a rédigés et qui, tout comme les propriétaires de l'entreprise, dont la biographie est documentée, est un personnage historique [9]. Dans les premières pages du roman, on trouve aussi ce passage :

> Pour terminer, une chose de plus doit être soulignée à propos de ce cercle d'hommes. Et cela ne concerne pas leur activité, mais le fait que nous puissions les considérer

---

[9] N. J. Ringdal, in *Kritikkjournalen 1990*, p. 61 ; P. Aaslestad, in *Edda* n° 2/1998, p. 156.

comme un public littéraire tout à fait déterminé, et de ce fait, une énigme est résolue. Ils sont le public premier de l'un des plus grands dramaturges du siècle, oui, nombreux sont ceux qui affirmeront que c'est le plus grand. C'est le public d'Henrik Ibsen. C'est pour eux que le jeune Henrik Ibsen pouvait écrire. Le fait qu'Henrik Ibsen ait pu émerger dans un pays comme le nôtre a souvent été présenté comme une énigme, et la seule explication que l'on ait su trouver est la faculté du Génie de s'épanouir partout, d'émerger de rien et de se suffire à lui-même. On a alors pointé le doigt sur la petite ville bigote de Christiania et comparé l'atmosphère qui y régnait avec ce qu'Ibsen décrivait, et l'on a trouvé que le compte n'y est pas. Des mots trop grands, des sentiments trop profonds pour un tel public. Mais laissez Anton Rossing lire *Brand*! Laissez Schübleler lire *Peer Gynt*! Laissez Oluf Pihl se plonger dans *Les prétendants à la couronne*! Alors le compte est bon. Henrik Ibsen a trouvé son public, quelques personnes à qui il pouvait s'adresser, qui peut-être, peut-être écouteraient, pas certain qu'ils seraient enthousiastes, en tout cas pas tous, bon nombre d'entre eux quelque peu heurtés, parfois, eh oui, irrités, même nargués, furieux ; mais que ces hommes pourvus d'une éducation hors de la tradition, revenus de l'étranger, pour exploiter des usines à gaz, enseigner aux fils de paysans dans les écoles agricoles, construire des usines hydrauliques dans 20 villes norvégiennes, organiser une industrie mécanique, interpréter les signes de la pierre, là où elle repose cachée, couche après couche sous la surface de la Norvège, et planter dans la mère patrie, à tout jamais, les plantes les plus belles et les plus utiles de l'Europe, soient le public de Henrik Ibsen, et que sans leur existence, ces drames fussent impensables, cela paraît clair comme le cristal au moment même où c'est signalé[10].

---

[10] « Helt til slutt må ytterligere en ting framheves når det gjelder denne krets av menn. Og det har ingen ting med deres virke å gjøre, men med det at vi kan betrakte dem som et helt bestemt litterært publikum, og idet vi gjør det, løses en gåte. De er det opprinnelige publikum til en av århundrets største dramatikere, ja, mange vil hevde den aller største. Det

L'inscripteur entame l'histoire de la fondation d'Aker sur un mode de récit typique du régime délocutif. Après quelques pages, ce mode est rompu, et l'inscripteur se lance dans une spéculation sur le lien existant entre les membres du club polytechnique, à la fondation duquel le fondateur d'Aker, Peter Steenstrup, a participé en 1852, et Henrik Ibsen, qui avait commencé avec difficulté sa carrière de dramaturge avec *Catalina* en 1850. Pour mettre le passage en perspective, il faut savoir que dans les années 1852 à 1857, Ibsen se trouvait à Bergen, à des centaines de kilomètres des hommes du club polytechnique de Christiania. Dégoûté par son manque de succès, sa faillite personnelle et la faillite du théâtre de Christiania, il quitta la Norvège en 1864 pour ne revenir que 27 ans plus tard. *Les Prétendants à la couronne* [*Kongsemnerne*] fut son premier succès l'année même où il quitta le pays. *Brand* parut en 1866 et *Peer Gynt* en 1867.

Dans ce passage, le récit est embrayé sur la scène littéraire englobante par le fait que son personnage principal

---

er Henrik Ibsens publikum. Det er dem den unge Henrik Ibsen kunne skrive for. Det er ofte blitt framstilt som en gåte at Henrik Ibsen kunne framstå i et land som vårt, og man har ikke hatt noen annen forklaring på det enn at Geniet trives hvor som helst, det oppstår av Intet og er seg sjøl nok. Man har da pekt på det lille, bigotte Christiania og sammenliknet atmosfæren der med hva Ibsen skrev, og man har ikke fått det til å stemme. For store ord, for djupe følelser for et slikt publikum. Men la Anton Rossing lese *Brand*! La Schübleler lese *Peer Gynt*! La Oluf Pihl fordype seg i *Kongsemnerne*! Da går det opp. Henrik Ibsen har fått sitt publikum, noen han kunne henvende seg til, som kanskje, kanskje ville lytte, ikke sikkert de ville bli begeistret, i hvert fall ikke alle, mange heller litt støtt, nå og da, ja, irriterte, ja, provoserte, forbanna; men at disse utradisjonelt utdannede menn, hjemkommet fra utlandet, for å drive gassverk, undervise bondesønner på landbruksskoler, bygge vannverk i 20 norske byer, drive mekanisk industri, tyde steinens tale, der den ligger gjømt, lag på lag under Norges overflate, og å plante inn i Fedrelandet, for godt, Europas vakreste og nyttigste vekster, er Henrik Ibsens publikum, og at uten deres eksistens ville disse dramaer ha vært utenkelig, det framstår som krystallklart i det samme øyeblikk det påpekes. » (Solstad 1990 : 15)

est rapporté à Henrik Ibsen, simultanément la subjectivité énonciative « se met en scène soi-même comme roman ». On reconnaît le phénomène de l'embrayage paratopique sur l'axe linguistique à la syntaxe étrange de la dernière phrase, où l'enthousiasme prend le dessus sans aucun réalisme historique. L'inscription sur la scène englobante du discours littéraire pousse l'énonciateur à occuper une position extrême, proche de la parodie. Cette forme d'embrayage paratopique est l'un des traits les plus caractéristiques du style de Solstad, qui amène les critiques à lui attribuer le sens de l'humour, et à le qualifier de joueur imprévisible, conscient des rôles qu'il choisit de jouer, une caractéristique que l'écrivain confirme par la manière, précisément, dont il joue son rôle.

Considérons un autre exemple :

> Je dois intervenir ici et admettre que j'ai complètement oublié de raconter que Peter Steenstrup a démissionné de la marine. Je regrette, mais cela m'avait échappé au milieu de l'agitation faite autour des événements qui se produisent à Holmen[11].

La scénographie est celle de l'écrivain qui se laisse emporter par les événements dont il fait le récit, au point d'oublier la mission d'historien qu'il a accepté de remplir.

Vers la fin du livre, à l'avant-dernière page, on trouve aussi des traces de la conscience métalittéraire de l'inscripteur : « Il n'y avait rien d'autre à faire. Le jeu, et le drame, qui précédèrent ceci valent bien un roman, mais pas celui-ci[12]. »

---

[11] « Jeg må her bryte inn og innrømme at jeg helt har glemt å fortelle at Peter Steensrtrup har søkt avskjed fra Marinen. Jeg beklager, men det har kommet bort for meg, oppe i all den virak omkring det som nå skjer nede på Holmen. » (*Op.cit.* : 58)

[12] « Det var ikke annet å gjøre. Spillet, og dramaet, som gikk forut for dette er verdt sin roman, men ikke denne. » (*Op.cit.* : 382)

Je pourrais donner de nombreux autres exemples de procédés pour inscrire *Medaljens forside. En roman om Aker* [L'avers de la médaille. Un roman sur Aker] dans l'espace canonique. Ce livre, écrit à la manière du « peintre de cour », qui flatte les propriétaires de l'entreprise et les met en perspective, est néanmoins aussi « hors caractère », en rupture avec les convictions marxiste-léninistes et maoïstes qui étaient celles de Solstad dans les années 1970 ; en rupture aussi avec la manière dont il a investi sa propre biographie dans les personnages principaux de ses romans des années 1980, avec sa mise en scène de lui-même comme écrivain d'opposition dégoûté du capitalisme contemporain, et avec sa façon de retravailler constamment son rôle d'écrivain au positionnement paratopique. Ces éléments, en plus du rôle presque excessif qui est ici joué par l'écrivain et de l'absence de l'instance de la personne dans *Medaljens forside* [L'avers de la médaille], font que le nœud borroméen n'est pas noué et que l'inscription de ce livre dans l'espace canonique de l'œuvre de Solstad est vouée à l'échec.

3ème exemple : *Le style de l'auteur*

Emporté par son enthousiasme à la lecture du dernier roman de Solstad, *Armand V.*, un critique a écrit : « Si la langue possède une âme – et il faut supposer que c'est le cas – et qu'elle puisse ressentir le bonheur, alors je suis sûr que la langue norvégienne pleure de joie chaque jour où Solstad écrit[13]. » Pourtant, la syntaxe de Solstad est parfois hors norme, les niveaux de langue se mélangent, il peut sembler négligent dans son choix des mots. Souvent il est difficile de décider si un phénomène textuel est une erreur ou un choix délibéré.

---

[13] « Dersom språket har sjel – og det må man vel anta at det har – og kan føle lykke så er jeg sikker på at det norske språket gråter av glede hver dag Solstad skriver. » (T. Haugen, in Dagsavisen 22.9.2006. Oslo)

Son roman *Honte et dignité* (2008 ; en norvégien *Genanse og verdighet* [Gêne et dignité], 1994) est un roman conventionnel qui ne pose aucun problème en ce qui concerne l'attribution à un genre. Un grand nombre de pages est consacré à une analyse minutieuse du *Canard sauvage* de Henrik Ibsen pour embrayer sur la scène englobante littéraire et faire le lien avec la littérature canonique norvégienne. Dans la scénographie de certains passages, la perspective de l'énonciateur recouvre la perspective du protagoniste, le mode dominant de la narration étant le discours indirect libre, le « je » est absent et le régime est délocutif. Mais dans la scénographie d'autres passages, le discours est « narrativisé » comme dit Genette, ou « raconté », et le régime devient imperceptiblement élocutif en même temps que l'inscripteur apparaît comme une conscience critique dans le récit. Avec un sentiment de malaise, le protagoniste, qui est professeur de lycée, entame la journée de travail qui va arrêter le train de sa vie pour de bon : « Comme chaque jour il veillait à porter une chemise d'une propreté éclatante, soulageant ainsi le malaise qu'il ne pouvait s'empêcher de ressentir devant la nécessité de vivre en cette époque et dans ces circonstances[14]. » L'embrayage paratopique est assuré dès la première page avec positionnement minimal du protagoniste sur des axes d'identité, de statut social et de raison de vivre.

Il y aurait un grand nombre de choses à dire à propos de ce texte. L'espace étant limité, je dois me borner à discuter le mot « djuptflyvende », qui figure à la page 75 et qui, de plus, est intraduisible :

> Ses liens avec Eva Linde et Johan Corneliussen consistaient précisément en ce qu'il était l'ami de Johan Corneliussen, l'ami de Johan Corneliussen du temps où il

---

[14] Je préfère la traduction d'A. M. Ribi à celle, moins fidèle, de Solstad 2008.

était célibataire, où une bonne part de leur affinité consistait à faire la foire ensemble, quoi qu'il arrive, peut-on dire, et que leur amitié consistait encore à faire la foire ensemble, bien que dans une moindre mesure qu'avant. Mais Johan retrouvait souvent Elias en ville. Et après l'heure de fermeture il demandait souvent à Elias de venir avec lui à Grorud, pour continuer. Alors Eva dormait derrière une porte fermée, qui donnait sur le séjour. Tandis que Johan et Elias discutaient, et parlaient ensemble. De la vie en général (c'est-à-dire la philosophie, la littérature, l'art, la politique etc., etc., et souvent avec des références à leur propre vie). En général Elias Rukla restait alors pour la nuit sur le canapé du séjour, et retournait en ville avec le tram tôt le lendemain matin et allait directement à son premier cours à Fagerborg. Avant qu'il se dépêchât de partir, Johan s'était levé, avec la petite Camilla. Eva dormait encore. Son sommeil de beauté, supposait-il. De sorte que chaque fois qu'il la voyait vraiment, p. ex. les dimanches quand ils faisaient une randonnée à ski dans Lillomarka, le sommeil, dans la conception d'Elias, restait attaché à elle. Son doux visage satisfait et apaisé par le sommeil, elle était chez elle dans le repos du sommeil, c'est de là qu'elle venait, même s'il ne l'avait jamais vue dormir, mais savait simplement qu'elle était couchée derrière la porte de sa chambre, qui donnait sur le séjour, un rectangle clairement délimité dans la paroi, et un peu plus bas que le milieu, du côté gauche, une poignée de porte sur laquelle Johan Corneliussen, au moins une fois, à chaque fois qu'ils se trouvaient là dans la nuit au 9e étage dans une tour à Grorud, appuyait, pour entrer, refermer doucement, puis ressortir, peu de temps après, mais sans dire un mot. La femme indiciblement belle de Johan Corneliussen. Johan Corneliussen et Elias Rukla dans le séjour. Johan Corneliussen qui allait à la fenêtre pour regarder dehors. Les lumières au-dessous. La route à quatre voies, lumineuse, et sans aucune voiture dans la nuit. Le philosophe Johan Corneliussen qui apprenait tant de choses à Elias Rukla. Johan Corneliussen qui causait, et Elias Rukla qui faisait des objections, des remarques flegmatiques, qui tentait de faire preuve d'un scepticisme salutaire face aux idées et réflexions d'une profonde élévation[15].

Ce mot – « d'une profonde élévation » [djuptflyvende] – est une monstruosité en norvégien, qui non seulement mélange deux expressions, l'une se rapportant aux idées « qui volent haut » et l'autre aux pensées « qui sondent en profondeur », mais qui aussi mélange deux niveaux de la langue. « Djupt » appartient à une langue populaire, plutôt

---

[15] « Hans tilknytning til Eva Linde og Johan Corneliussen gikk jo på det at han var Johan Corneliussens venn, og Johan Corneliussens venn fra dennes ungkarstid, hvor så mye av fellesskapet besto i at de ranglet sammen, i tykt og tynt, kan man si, og at deres vennskap stadig besto i at de ranglet sammen, om enn ikke i samme grad som før. Men Johan møtte ofte Elias ute på byen. Og etter stengetid ba han likeledes ofte Elias bli med til Grorud, for å fortsette. Der lå Eva og sov bak en lukket dør, som vendte ut mot stua. Mens Johan og Elias diskuterte, og snakket sammen. Om livet i sin alminnelighet (dvs. filosofi, litteratur, kunst, politikk, etc., etc., og ofte med referanser til sine egne liv). Som regel overnattet da Elias Rukla på sofaen i stua, og tok trikken tilbake til byen tidlig på morgenen, og gikk direkte til sin første time på Fagerborg. Før han skyndte seg av gårde, hadde Johan stått opp, med lille Camilla. Eva sov ennå. Sin skjønnhetssøvn, formodet han. Slik at han hver gang han virkelig så henne, for eksempel på søndager, når de gikk på ski innover i Lillomarka, så hang altså, i Elias' forestilling, søvnen ved henne. Hennes myke ansikt, tilfredsstillet og beroliget av søvn, hun hørte hjemme i søvnens hvile, og det var derfra hun kom, enda han aldri hadde sett henne sove, bare visst at hun lå der bak sin lukkede soveromsdør, som vendte ut mot stua, et rektangel tydelig adskilt fra veggen, og et dørhåndtak litt nedenfor midten, på venstre side, som Johan Corneliussen, i hvert fall én gang, hver gang de satt slik natters tid i 9. etasje i ei høyblokk på Grorud, trykket ned, og gikk inn, lukket varsomt etter seg, og kom ut igjen, kort etter, men uten å si noe. Johan Corneliussens ubeskrivelige vakre kvinne. Johan Corneliussen og Elias Rukla i stua. Johan Corneliussen som gikk bort til vinduet og så ut. Lysene under ham. Den firefelts motorveien, lysende, og nå om natta uten en eneste bil. Filosofen Johan Corneliussen som lærte Elias Rukla så mye. Johan Corneliussen som snakket, og Elias Rukla som kom med innvendinger, tørre kommentarer, som prøvde å utvise sunn skepsis til alle Johan Corneliussens djuptflyvende tanker og ideer. » (Solstad 1994 : 74–75)

ouvrière, tandis que « flyvende » appartient à une langue plus littéraire et formelle. Métaphoriquement le mot n'a pas de sens. Dans la narration, il fonctionne comme un signal qui éveille le doute. Est-ce que l'inscripteur a commis une erreur, ou cette expression hybride est-elle voulue ? En analysant le passage de plus près on peut se rendre compte que l'expression résume la dualité qui marque le passage précédent, où les niveaux se mélangent sans cesse. L'analyse rend aussi apparent le changement de régime qui a lieu dans ce passage. Une fois de plus, l'inscripteur se met en valeur par cet embrayage paratopique sur l'axe linguistique, mais dans cet acte et par ce mot, c'est aussi le sens de l'humour et l'irrespect pour les conventions langagières de la personne qui sont mis en valeur, de même que la maîtrise de l'écrivain du discours littéraire. Ainsi le style tout à fait singulier de l'auteur se rapporte aux trois instances de la subjectivité énonciative et contribue à la convergence qui les lie.

Conclusion

Les trois exemples que j'ai analysés ont mis en évidence le jeu des instances de subjectivité littéraire de la « personne », de l' « écrivain » et de l' « inscripteur » sur laquelle se construit l'identité « impossible » de l' « Auteur ». L'analyse permet d'apercevoir les intrications de cette identité imaginaire, multiple et paradoxale. Cette identité auctoriale est plus « grande », plus « riche », mais aussi plus indéfinie que les trois formes de subjectivité qui la rendent possible, et elle n'est en fait pas vraiment identifiable autrement que par le nom de l'auteur. L' « Auteur » Dag Solstad n'est identique ni à sa personne, ni à son rôle d'écrivain dans le champ littéraire, ni à sa production littéraire mais se rapporte aussi bien à la personne qu'à l'écrivain, qu'à l'œuvre. À la suite de la construction dynamique et réciproque du texte et de l' « Auteur » il est impossible de faire le partage entre l'extérieur et l'intérieur de l'œuvre ; l'extérieur se replie sur l'intérieur comme l'intérieur se déplie sur l'extérieur.

Le modèle du « nœud borroméen » a aussi permis une réflexion plus précise sur l'appartenance ou non d'un texte à l'espace canonique. Pour qu'un discours réussisse comme littérature dans le régime élocutif, il semble nécessaire que toutes les trois instances de subjectivités soient mises en jeu d'une manière assez équilibrée. L'analyse de textes appartenant au régime délocutif et de la manière dont cette triade s'y manifeste reste cependant à faire. L'identification des conjonctures historiques dans la manifestation des instances de la subjectivité énonciatrice semble aussi être une démarche intéressante pour l'analyse de l'histoire du discours littéraire.

Irene Iversen

L'IMPOSSIBLE DISCOURS BIOGRAPHIQUE ?

En introduction, je me propose d'éclairer quelques contributions centrales à la recherche biographique en Scandinavie, en passe d'être reconnue comme une discipline à part entière de la recherche littéraire. Mon propos est de déceler la manière dont les chercheurs définissent et décrivent le genre, et surtout de voir dans quelle mesure ce dernier est perçu comme un *discours à part entière*. Le champ de la recherche paraît empreint de paradoxes. Il y a désaccord quant à l'éthos, ou voix, que l'on s'attend à entendre s'exprimer, et le rapport entre la biographie et l'autobiographie est rarement discuté. On est frappé également de constater que si les chercheurs sont désireux de légitimer la biographie comme domaine de recherche, ils sont nombreux en même temps à faire preuve de scepticisme par rapport à la valeur factuelle ou éclairante du genre. La plupart des chercheurs littéraires semblent s'accorder à voir dans la biographie un *genre littéraire*. Daniel Madelénat (1984) est l'un des rares à avoir tenté de définir l'*épistémologie* du genre, mais il définit lui aussi la biographie (moderne) comme appartenant au genre littéraire. Quelques chercheurs peu nombreux, dont Ann Jefferson (2007), rejettent ce point de vue. Cette dernière fait valoir que la biographie a été bannie du champ littéraire moderne au motif que c'est un genre pragmatique et fonctionnel qui rompt avec le discours du champ littéraire. Selon elle, ce discours est constitutif de lui-même et sa principale caractéristique est celle d'être critique de lui-même et de se remettre perpétuellement en question (*self-contesting*).

Après avoir passé en revue les dilemmes théoriques et épistémologiques que soulève la recherche biographique, je me servirai dans une deuxième partie de l'écrivaine norvégienne Torborg Nedreaas (1906–1987) pour illustrer et concrétiser les problèmes qui se posent. Je me concentrerai sur la manière dont Torborg Nedreaas, dans une période déterminante de sa vie, a agi dans le champ littéraire. Cette écrivaine a été considérée comme une *voix* forte dans la littérature norvégienne d'après-guerre (voir Eydoux 2007 : 328), notamment parce que son œuvre a été en grande partie perçue comme de l'*autofiction*. La partie autofictionnelle de l'œuvre semble confirmer l'affirmation de Charles Taylor dans *Les Sources du soi. La Formation de l'Identité Moderne* (1989), selon laquelle la réflexion ou le *discours du moi* est au cœur de la modernité occidentale, ce qui explique l'impossibilité de détacher la biographie du champ littéraire.

Mais la vie et l'œuvre de Nedreaas peuvent également être considérée à la lumière de la critique formulée par Bourdieu au sujet de *l'illusion biographique.* Bourdieu soutenait en effet que la notion de l'identité d'une personne formant un tout cohérent est une illusion instituée et maintenue par le *nom propre.* Dans le cas de Nedreaas, nous sommes en présence de deux noms distincts et de deux identités, ce qui est une clé déterminante pour comprendre la manière dont elle s'est positionnée dans le champ littéraire quand elle est arrivée de la province à Oslo, la capitale, au printemps 1947. Elle se faisait alors appeler Torborg Nedreaas et elle venait de faire ses débuts d'auteure « sérieuse ». Cependant, la manière dont elle a agi semble indiquer qu'elle s'efforçait d'effacer les traces de son identité antérieure, celle de Tob Kieding, qui écrivait pour les magazines illustrés. Les conflits dans lesquels elle s'est trouvée prise dans le monde littéraire doivent cependant aussi être considérés dans le contexte de la prédominance des hommes à l'époque. Ceux auprès de qui elle recherchait la reconnaissance dans sa nouvelle identité, celle de Torborg Nedreaas, ont réagi de manière négative par rapport à la thématique et au type d'écriture avec laquelle elle a tenté de se positionner.

Un nouveau tournant biographique ?

La biographie, nous le savons, a été l'objet d'un rejet de la part de la recherche littéraire pendant tout le 20ème siècle, depuis le formalisme, qui cultivait l'étude des fonctions linguistiques et poétiques, en passant par la nouvelle critique anglo-américaine, qui attaquait *the intentional fallacy*, jusqu'au structuralisme et au poststructuralisme, qui ont voulu se défaire de l'autorité de l'auteur et dévoiler « l'illusion biographique » (Bourdieu). Actuellement elle connaît un renouveau considérable. En Norvège, on n'a jamais écrit autant de biographies littéraires, et le genre est réévalué à l'intérieur des sciences littéraires, tant comme objet de recherche que comme genre, un regain d'intérêt que l'on doit aussi à des chercheurs d'orientation formaliste ou poststructuraliste qui ont donné « le ton » les dernières décennies.

La situation est la même dans les autres pays scandinaves, ce que montrent deux anthologies suédoises auxquelles je ferai référence dans la suite. Tandis que la première, publiée en 1997, est dominée par l'amertume due à la longue exclusion de la biographie des sciences littéraires et humanistes, la plus récente, publiée dix années plus tard, est marquée par l'optimisme devant la réintroduction du genre comme outil scientifique (Ambjörnsson *et al* (dirs.) 1997 et Rosengren *et al* (dirs.) 2007).

L'argument pour le retour de la biographie dans la recherche littéraire consiste à dire notamment qu'elle est en rupture avec la conception anhistorique, exclusivement concentrée sur le texte, qui a dominé la recherche si longtemps. Dans sa thèse sur la biographie, Knut Olav Åmås (2004) définit le genre comme un « fer de lance » dans la lutte « néohumaniste » pour une recherche littéraire contextualisante, d'orientation sociologique, tandis que le professeur Johan Svedjedal de l'Université d'Uppsala, également biographe, constate avec une satisfaction non dissimulée qu'enfin, on a mis un terme à l'« imposture textuelle » ("the textual fallacy") dans la recherche littéraire (Svedjedal 2007).

Un champ en proie aux contradictions

Quant à la place que l'on croit pouvoir attribuer à la biographie en recherche littéraire, elle n'est pas clairement définie. On se trouve confronté à des affirmations paradoxales aussi bien quant à l'objet du genre que quant à ses caractéristiques et au but de la recherche. Pour ce qui est des traits génériques, la biographie est tour à tour considérée comme ayant un cadre et des conventions bien définis, éventuellement un grand nombre de sous-genres, ou comme un genre ouvert (Svedjedal 2007). Et l'on y voit tour à tour de la prose et un genre scientifique ayant pour objet des faits réels, ou de la littérature.

Pour conférer de l'*autorité* au genre, on renvoie souvent aux *archétextes*, que l'on trouve dans l'antiquité, chez le Grec Plutarque (45–125 après J. C.) et le Romain Suétone (70–140 après J.-C.) ou, en ce qui concerne la biographie moderne, dans l'Angleterre du 17e siècle, où John Dryden aurait créé la notion de *biography,* tandis que Samuel Johnson et James Boswell auraient fondé le genre de la biographie de poète au 18e siècle (Egeland 2000 : 39). Ou alors, l'origine est à chercher en France vers la fin du 18e siècle, où les *Confessions* de Rousseau [1782] sont considérées comme fondatrices et de l'autobiographie et de la biographie (Jefferson 2007 : 47).

Quant à l'*objet* de la biographie, certains recourent à l'étymologie pour définir la biographie comme un *écrit sur la vie* (des mots grecs *bíos* = vie et *gráphein* = écrire), alors que d'autres la définissent comme étant le *portrait* ou l'*image* d'une *personnalité unique*.

Un autre point de désaccord est celui de la *voix* ou *ethos* qui doit s'exprimer dans une biographie. Pour les « néohumanistes », que représente Åmås (voir ci-dessus), il est clair que l'on doit pouvoir entendre le *sujet de la biographie*. En cela, Åmås s'inspire du biographe américain de Wittgenstein, Ray Monk, selon lequel le biographe doit s'« effacer », se mettre au diapason et transmettre la « musique » et la voix de la personnalité qu'il décrit (2005 : 173 et 167). Toutefois, on paraît progressivement attacher plus d'importance à la voix du *biographe*. Ce glissement semble avoir commencé avec l'émergence de la nouvelle biographie, *the new biography*, qui a vu les modernistes, tel que Lytton Strachey dans *Eminent Victorians* (1918) et Virginia Woolf, auteure de biographies fictives et d'essais tels que « The New Biography » (1928), se révolter contre la biographie traditionnelle et positiviste pour demander que la biographie donne une image de la personnalité du sujet tout en esquissant clairement la perspective du biographe. Aujourd'hui il n'est pas rare que la revendication d'une voix clairement définie du biographe émane des critiques et des rédacteurs des maisons d'édition, l'argument étant qu'une biographie dans laquelle la voix du biographe s'entend clairement a plus de succès auprès des lecteurs. On retrouve le même argument dans un ouvrage récent du biographe anglo-norvégien Stephen Walton. Le titre de l'ouvrage, *Skaff deg eit liv*! [*Trouve-toi une vie!*] (2008), laisse entendre qu'une personne dépourvue d'expérience de la vie ou incapable de faire entendre sa propre voix ne devrait pas écrire de biographies.

Certains d'ailleurs ont adopté les deux approches à la fois, estimant que le biographe doit « écouter » la *voix de son sujet* tout en laissant entendre *sa propre voix* dans le texte. A titre d'exemple, on peut citer Paula Backscheider dans *Reflections on Biography* (2001).

Positions théoriques

La recherche biographique scandinave se place aujourd'hui le long d'un spectre dont les positions sont déterminées par la manière dont les chercheurs définissent l'objet de la biographie et ses caractéristiques. A un bout du spectre se trouvent ceux qui se définissent comme « néohumanistes » (voir Åmås ci-dessus), pour qui la biographie est en principe de la prose spécialisée et un genre de recherche dont l'objet est la description et l'analyse de vies réelles dans un contexte historique (ou littéraire) ; à l'autre bout se trouvent les déconstructionnistes, qui insistent sur le fait que les biographies sont toujours de l'« écriture », des « constructions » rhétoriques ou de la pure fiction. Cette dernière position a longtemps dominé parmi les chercheurs liés à la recherche littéraire. Dans le prolongement de Paul de Man, qui a « démasqué » l'autobiographie comme un effacement, *defacement,* il fallait selon eux voir dans la biographie et l'autobiographie l'effacement, plus que la description, de la vie et de la personnalité. Mais il semble aujourd'hui que la plupart aient abandonné cette position, et d'anciens déconstructionnistes considèrent aujourd'hui la biographie et l'autobiographie comme des *récits de vie* (*Lifewriting*), mettant l'accent sur les références historiques et sociales du texte (voir notamment Lisbeth Larsson dans Rosengren *et al* (2007).

Par la force des choses, toutes ces positions renferment des paradoxes. Les néohumanistes, qui argumentent en faveur de la biographie en la décrivant comme une recherche « objective » de la vérité, paraissent se contredire avec leur conception subjective, presque romantique, de la méthode biographique, qui selon eux requiert du biographe l'effacement de soi et la faculté de se fondre dans la musique et la voix de son sujet.

Les *positions intermédiaires* reflètent elles aussi des dilemmes irrésolus, et l'on peut dire pour résumer que le paradoxe de ces positions réside notamment dans leur défense de la biographie tout à la fois comme *genre littéraire* et comme *genre de recherche* légitime *dont la finalité est la connaissance de l'individu dans un contexte historique,* sans qu'elles traitent toutefois le dilemme ou le paradoxe qui en résulte. On se contente souvent de souligner (ou de reconnaître) que les biographies, « cela va sans dire », sont des *récits* dont les moyens sont littéraires. Ou alors d'admettre que les biographies, comme les romans, doivent avoir une composition, une intrigue, des personnages clairement dessinés et se servir d'autres moyens littéraires tels que les « scènes drama-tiques », les anecdotes et les métaphores, mais sans pour autant les approfondir. On accepte implicitement que la biographie doive adopter une forme narrative traditionnelle. Rares sont ceux qui défendent une forme moderniste ou qui s'y essayent eux-mêmes. Stephen Walton (2008) l'a mise en pratique et en défend la théorie, tout en reconnaissant que les lecteurs ne l'apprécient guère.

A titre d'exemple du dilemme dans lequel se retrouve le discours de la recherche biographique, je citerai la présentation biographique de Marianne Egeland (2000). Egeland propose une histoire solidement fondée de la biographie, en remontant sa trace jusqu'à l'Antiquité, mais son argumentation tend à montrer que dans sa forme moderne, la biographie est étroitement liée à l'émergence de l'individualisme moderne. Elle souligne également que la biographie a son fondement dans un *pacte biographique*, dont elle affirme (à l'instar de Séan Burke 1995) qu'il établit un *contrat éthique* avec les lecteurs, dans lequel le biographe promet de transmettre des *faits* historiques et vérifiables sur une vie ou une personne (2000: 86–88). Or, la description qu'elle donne ensuite de la *pratique historique* de la biographie est non seulement critique mais empreinte d'un profond scepticisme à l'égard de la véracité du genre ou de son rôle dans la transmission du savoir. Elle estime que la biographie a servi des intérêts idéologiques, politiques et économiques « extérieurs », depuis l'usage qui en a été fait au 19e siècle dans les projets fondateurs de la nation et la forme plus subjective qui lui a été donnée dans la seconde moitié du 19e siècle, lui permettant de contribuer à l'« intimisation » (et au déclin) de la vie publique bourgeoise (adhèrant ici au diagnostic culturel de Richard Sennett dans *Fall of Public Man*, 1974), jusqu'à la situation actuelle, dans laquelle selon elle la biographie se met au service des intérêts commerciaux de l'« industrie biographique », une approche qu'elle concrétise par la lecture d'une série de biographies (spéculatives) de la poète Sylvia Plath.

Alors qu'elle souhaite manifestement conférer à la biographie l'*autorité* et la *légitimité* d'un genre caractérisé par la description historique, et qu'elle attache de l'importance au pacte biographique, la perspective historique qu'Egeland instaure inspire aussitôt de sérieux doutes quant à la valeur de la biographie dans la transmission d'éléments factuels. Le genre apparaît comme manquant de *crédibilité* à cause de son utilité pour des forces extérieures. Ce manque de crédibilité semble être attribué au fait qu'il s'agisse d'un *genre littéraire*, ce qui expliquerait son ouverture et la multiplicité des sens qui peuvent lui être donnés, mais cela ne fait pas l'objet d'une discussion explicite.

Biographie et littérature

En contradiction avec ce qui paraît être généralement admis parmi les historiens de la biographie issus des sciences littéraires, à savoir que la biographie est un genre littéraire, Ann Jefferson affirme (2007) que la biographie ne saurait être classée dans la catégorie de la *littérature*. Au départ, elle pose certes comme Johan Svedjedal qu'«au commencement était la biographie», et son but est d'examiner le lien historique étroit qui existe entre la biographie et la littérature moderne, dont elle dit que ce sont deux « champs » qui ont émergé ensemble: « the growth of literary 'lives' contributed to the distinct domain of literature » (2007 : 42). Mais sa thèse principale consiste à qualifier la biographie et l'autobiographie de genres étrangers au champ littéraire («the distinct domain of literature »). Les écrivains et les critiques des XVIIIe et XIXe siècles ont nié leur contribution à l'émergence de la littérature comme domaine et comme discours à part entière. Cette exclusion, elle l'explique par la désapprobation des écrivains et des critiques devant l'intérêt de la biographie pour la vie, y voyant un genre relationnel, « functionally relational », et pragmatique. Par contraste, la littérature s'est définie et s'est constituée de manière négative en tant que discours et champ en se remettant en question et en se mettant sans cesse à l'épreuve.

Autrement dit, le domaine de la littérature moderne s'est, selon Jefferson, constitué par la distance adoptée par rapport au discours biographique, jugé incapable de se remettre en question et de se contredire comme le fait la littérature moderne. La biographie est considérée comme un genre inscrit dans une relation *pragmatique* et *fonctionnelle* avec son objet. C'est là une affirmation que l'on ne doit pas nécessairement accepter mais qui devient intéressante par rapport au point soulevé par Egeland concernant la tendance historique de la biographie à servir d'«autres» fins. Selon Jefferson, *la littérature* (moderne) en tant que discours et de domaine s'est libérée de tels contraintes et égards utilitaires.

Epistémologie de la biographie?

Ann Jefferson n'écrit donc pas elle-même l'histoire de la biographie, mais elle fait référence à des historiens de la biographie, notamment à Daniel Madelénat, auteur de *La biographie* (1984), dont elle a probablement emprunté la notion de *genre relationnel*. L'approche de Madelénat est cependant très différente de celle de Jefferson. Il s'attache à examiner l'épistémologie de la biographie, donc à savoir quel est l'objet de sa recherche et quelles sont ses méthodes, et il décrit l'évolution du genre en trois phases dans lesquelles il voit *trois paradigmes* pour comprendre «une existence» (1984 : 32). Il définit les trois phases comme *classique, romantique et moderne*. La toile de fond de cette dernière phase (qui commence autour de 1900) est selon lui une crise générale des valeurs (avec Nietzsche, Freud etc. et la critique du positivisme), ce qui se caractérise par le fait dans sa conception que la *littérarisation du genre* suit le développement vers l'autonomie de la littérature.

La perspective historique de Madelénat relève de l'histoire des mentalités et des savoirs, et peut-être aussi de l'histoire des discours. Il veut examiner les conditions qui ont créé les trois paradigmes et la manière dont ces derniers et le genre tout entier sont entremêlés dans un réseau de discours. L'élément de base des paradigmes est une vision et une construction narrative de l'« existence », déterminées par ce qu'il est possible à tout moment de formuler: « la vision et la construction narrative d'une existence dépendent étroitement des mentalités, des cultures, des contraintes qui stipulent le dicible et non-dicible, l'ordre et la façon de l'exposé. » (*ibid.*).

Sa définition est cependant fortement empreinte d'existentialisme. A ses yeux, la biographie est une tentative de comprendre une existence, et il inclut dans cette notion la *recherche de la connaissance de l'autre*, pour ensuite, dans la dialectique de l'existentialisme, étendre cette définition à la recherche de la connaissance de nous-mêmes. Et enfin, il amène la définition du genre à inclure le fait qu'il s'adresse à un destinataire ou à un public, d'où une relation triangulaire. Il en résulte une définition « relationnelle » et « triangulaire » du genre. La relation biographique implique à la fois « un sujet et un objet et un tiers commun » (*op.cit.* : 85).

Madelénat n'applique cependant pas jusqu'au bout sa perspective historique des mentalités et des discours. La dernière partie de *La biographie* se concentre sur la démonstration de la manière dont le paradigme moderne s'épanouit dans les différentes variantes littéraires, et se présente comme une sorte d'éloge des possibilités (formelles) infinies de la biographie littéraire moderne, possibilités certes destinées à explorer et à décrire et l'autre et nous-mêmes.

Biographie et autobiographie

La définition proposée par Madelénat fait l'impasse sur l'absence surprenante de la discussion en recherche biographique de la relation étroite entre la biographie et l'autobiographie. C'est peut-être lié au fait que l'autobiographie a longtemps été considérée comme un genre à part, idée prenant son point de départ dans la théorie du « pacte autobiographique » de Philippe Lejeune (1975). Alors que la biographie est souvent définie comme un genre ouvert, la théorie de Lejeune a conféré à l'autobiographie le statut d'un genre fort. C'est là un avis que ne semble pas partager Linda Marcus. Dans *Auto/biographical discourses* (1994), elle examine la biographie et l'autobiographie sous l'angle historique pour affirmer que l'autobiographie est un genre instable et risqué. La biographie et l'autobiographie étaient à l'origine étroitement liées, mais selon Marcus, elles se sont séparées au 19e siècle, quand on a commencé de voir dans l'autobiographie un genre à part entière. En même temps, l'autobiographie a été concurrencée par le roman et sa position s'est affaiblie: « Autobiographical discourse in the nineteenth century, following on from eighteenth-century accounts of "self-examination" reveals the extent to which the "inner" of the self is constituted as both a sacred place and a site of danger » (1994 : 15). Elle pense néanmoins qu'il faut voir l'autobiographie en relation avec la biographie, et elle conforte cet argument en faisant référence à ce que Michaïl Bakhtine a dit sur les genres dans les écrits sur le chronotope. Comme d'autres avant lui, Bakhtine remonte à l'Antiquité, soulignant que le temps-espace, ou le chronotope, de la biographie et de l'autobiographie était l'espace public, ce qui signifie que l'autobiographie était un discours *public*. Il ne pouvait y avoir dans l'espace public de différence entre la manière dont ont traitait sa propre existence et celle des autres, ou entre la perspective biographique et la perspective autobiographique :« There was as yet no internal man, no "man for himself" (I for myself) nor any individualized approach to one's self. An individual's unity and his self-consciousness were exclusivly public. » [Jusque-là, il n'y avait pas d'être intérieur, pas d'être quant à soi (quant à moi), ni aucune approche individuelle au moi. L'unité d'un individu et sa conscience de soi étaient exclusivement pub-liques [trad.]] (Bakhtine 1981 : 133), et Linda Marcus en conclut que les deux genres doivent être considérés comme deux aspects du même discours (Marcus 1994 : 14).

Quand bien même ce ne serait pas un point de vue commun, on peut le deviner à l'état implicite dans cette formule de la chercheuse biographique Lisbeth Larsson, tirée de « *Biografins återkomster* » [Le retour de la biographie] : « Avec les récits biographiques, nous recréons sans cesse l'homme, nous le définissons, nous le rendons compréhensible, lui et le soi, en même temps que nous revenons sur un consensus sur ce qu'un homme doit être » (Rosengren *et al* (dirs.) 2007 : 51).

L'idée de ce lien étroit éclaire également la discussion concernant la voix qui doit se faire entendre dans la biographie. Il faut voir dans l'exigence selon laquelle la voix du biographe doit être clairement audible dans le texte un signe indéniable de ce que la biographie est considérée comme genre littéraire porteur d'un *ethos*. Mais on attend également de celui qui écrit qu'il se présente en tant que moi, qu'il raconte sa propre vie. Comme nous l'avons vu, c'est là un point essentiel chez Stephen Walton, qui a intitulé son ouvrage sur la biographie *Skaff deg eit liv!* [Trouve-toi une vie !] (Walton 2008). L'implication de ce titre est double, il dit tout à la fois que le fait d'écrire une biographie sur l'« autre » peut donner à l'auteur sa propre vie, et que seul peut comprendre et écrire sur l'« autre » celui qui se connaît lui-même.

Au contraire de ce qu'affirmait Laura Marcus en 1994, l'autobiographie paraît clairement conforter sa position et peut-être même envahir la biographie. La mort du sujet a été annoncée trop vite. Il est utile dans ce contexte de mentionner l'ouvrage de Charles Taylor *Sources of the Self.*

*The Making of Modern Identity (*1989), auquel fait également référence Marianne Egeland quand elle affirme que l'individualisme est une condition préalable de la biographie moderne. Taylor pose que la conscience et le discours sur le *moi* se sont trouvés au centre de l'évolution de la conscience et de la réflexion sur la qualité de vie à l'époque moderne en Occident. L'image qu'il dessine présente le discours autobiographique comme un *discours clé* de la culture de l'époque moderne. Il n'est donc pas à considérer uniquement comme discours pragmatique ou subordonné par rapport au discours littéraire, de « rang supérieur ».

Certes, comme le fait remarquer Lisbeth Larsson on peut relever que le discours sur le « soi » a longtemps été en crise, crise dont la cause n'est pas seulement la critique postmoderne du sujet, mais bien davantage la situation culturelle nouvelle créée par la globalisation et les grandes migrations de notre temps, dans laquelle le discours occidental sur l'individu et le « soi authentique », qui constituent la base de la démocratie et des valeurs universelles, est confronté à d'autres discours culturels qui ne sont pas de la même manière centrés sur l'individu et le « moi unique ». C'est là une problématique que Taylor a discutée dans une longue série de travaux dans les années 1990.

Au demeurant, la crise de la foi dans le moi autonome ou du discours à ce sujet ne paraît pas empêcher la floraison des récits de vie et des narrations de soi, ni dans l'« industrie » biographique ou autobiographique ni dans la littérature « pure ». Une foule de textes attribués au genre de l'« autoécriture » ou du « récit de vie » paraissent dans la littérature la plus récente. Il y est question de l'existence et (dans une forme fortement problématisée) de la nécessité d'être un « soi » « authentique ».

Devenir ou écrire son moi

L'œuvre de mon sujet d'étude biographique, Torborg Nedreaas, est elle aussi marquée par le désir de se présenter comme un *moi*, ou de le devenir, même si sous l'angle purement formel, cette œuvre n'est pas autobiographique.

Torborg Nedreaas a été considérée comme une forte personnalité et comme une *voix* puissante dans le monde littéraire et politique de l'après-guerre et c'est ainsi qu'elle est représentée dans les manuels de littérature. L'image que les lecteurs se sont forgée d'elle est aussi empreinte de leur sentiment de l'avoir rencontrée, ou en tout cas son *alter ego*, dans la jeune Herdis Hauge, le personnage principal d'une grande partie de ses écrits. Pour beaucoup, il allait de soi que la trilogie de Herdis, à savoir le recueil *Trylleglasset [Le prisme magique]* (1950) et les romans *Musikk fra en blå brønn* [*Musique d'un puits bleu*] (1960) et *Ved neste nymåne [A la prochaine lune]* (1971), ne traitaient en réalité que de l'enfance et de la jeunesse de l'auteure. Mais aucune de ces œuvres n'est écrite à la première personne et elles traitent d'une jeune fille imaginaire appelée Herdis Hauge habitant dans des lieux qui ne se trouvent pas sur la carte. L'usage de métaphores, de symboles et d'autres artifices littéraires qui rendent les faits « réels » mystérieux et troubles montrent en plus clairement qu'il s'agit de littérature, avec beaucoup de double sens. L'auteure a exprimé à plusieurs occasions une certaine distance vis-à-vis de Herdis, son personnage principal, en l'appelant notamment « la petite chichiteuse ».

Force est cependant de constater que l'auteure partage avec le personnage de Herdis bon nombre de traits communs ainsi que les conditions dans lesquelles elle a grandi, et Torborg Nedreaas s'est plusieurs fois servie de ce qu'elle a écrit sur Herdis en guise de réponses aux questions concernant sa propre enfance et son adolescence. Quant au personnage littéraire de Julia, l'amie de Herdis, elle a affirmé de façon claire et nette que le personnage et son histoire sont

« tirés directement de la réalité ». En revanche, elle a souligné en même temps que cela ne concerne que Julia. Cela ne l'a cependant pas empêchée de mélanger à maintes reprises les véritables membres de sa famille et ceux qui sont des produits imaginaires. Evoquant dans un entretien son propre beau-père, Jonas Lund, elle l'a appelé « oncle Elie », du nom du beau-père fictif de Herdis, et ailleurs elle a parlé du « chalet d'oncle Elie à Kvamskogen », un lieu qui n'existe pas dans les livres sur Herdis.

On est donc conforté dans l'idée que les livres de Herdis parlent bien d'elle par le fait qu'à diverses occasions, Torborg Nedreaas a expliqué qu'elle les avait écrits pour comprendre « comment on devient ce que l'on devient ». Et l'un des thèmes principaux des livres de Herdis est précisément la formation de l'identité, la réflexion de l'enfant et ses efforts pour se voir et se comprendre comme un « moi ». Herdis médite sans cesse à ce sujet et s'en réjouit : « figure-toi que je suis moi ! ». Et ainsi elle se situe bien dans ce qui traditionnellement a été le domaine de l'autobiographie.

La notion la plus adéquate pour désigner l'œuvre de Torborg Nedreaas, serait peut-être *autofiction*, notion créée par l'écrivain français Serge Doubrovsky pour les romans traitant de sa propre vie. Doubrovsky a refusé de les qualifier d'autobiographiques affirmant que c'est de la littérature et une tentative de « découvrir » le sens de la vie : « Le sens de notre vie nous échappe (...) c'est pourquoi nous devons le redécouvrir en écrivant sur lui. C'est ce que j'appelle autofiction » (cité de Munck 2005 : 112).

Torborg Nedreaas n'a jamais parlé d'autofiction, mais elle a eu la même attitude que Doubrovsky en affirmant à plusieurs reprises à des journalistes qu'elle écrivait pour clarifier « comment elle est devenue « soi » ou « elle-même » et répétant en même temps que ce qu'elle avait écrit était rempli de mensonges. En outre, tôt dans sa carrière littéraire, elle a noté qu'elle ne croyait pas qu'il y eût un fil conducteur ou un sens cohérent dans une vie. Ces dires, qui étaient en opposition à la vue communiste sur la littérature qu'elle défendait à l'époque, sont parus dans une recension du livre d'Aksel Sandemose *Det svundne er en drøm [Ce qui fut est un rêve]* parue dans le journal communiste de Bergen, Arbeidet le 10 janvier 1947 : « *Dans une vie humaine ordinaire, le fil conducteur de nos actions n'est pas facile à démêler du reste [...]. Le destin humain est le plus souvent tout à fait sans composition* ».

Et bien des années plus tard, alors qu'il était depuis longtemps admis dans le public norvégien que Nedreaas était une personnalité exceptionnellement forte et entière, sinon politiquement bornée – jusqu'à sa mort en 1987, elle s'est dite communiste– elle a déclaré avec humilité dans un entretien radiophonique qu'en réalité elle n'avait jamais été sûre de sa cause : « Je ménage sans cesse la chèvre et le chou » a-t-elle dit.

L'illusion biographique

Bien qu'il faille saluer la tendance historisante et contextualisante de la nouvelle recherche biographique, il me semble qu'il faut se méfier de ses tendances romantiques à l'égard du sujet, de sa recherche de la « musique » ou de la « voix profonde » de la personnalité ou de la vie de son sujet biographique.

Les vieilles « vérités » en matière de recherche littéraire, issues du structuralisme, de la sociologie littéraire (théorie discursive incluse) et du féminisme, nous enseignent d'un côté à considérer que la littérature est imbriquée dans des discours sociaux et culturels qui déplacent et déforment les intentions de l'auteur, et de l'autre côté à reconnaître que, dans un contexte européen, elle a pendant plus de deux cents ans aspiré à se façonner une « sphère » propre. Les textes littéraires vivent donc en grande partie, leur propre vie au sein de l'espace social et d'un réseau de discours culturels, tout en faisant partie de ce qu'on peut appeler le « tissu de textes » et de « l'institution littéraire ». Ainsi, bien que des écrivains modernes soient poussés par l'ambition d'apparaître comme une voix unique ou un « moi » unique, ce « moi » ou cette « voix » ne peuvent être la clé de l'œuvre. Le *masque*, comme celui qu'a adopté Ibsen pour se positionner dans la société, selon son biographe Ivo de Figueiredo, me semble souvent un bien meilleur point de départ pour comprendre comment un écrivain a vécu et comment il est apparu dans le monde des lettres et de la culture.

Pierre Bourdieu, nous le savons, a démystifié la biographie dans son essai « L'illusion biographique » (Paris 1986). Son point de départ était son désir de mettre les sociologues en garde contre l'emploi d'*histoires de vie* comme source sociologique : « L'histoire de vie est une de ces notions du sens commun qui sont entrées en contrebande dans l'univers savant; d'abord, sans tambour ni trompette, chez les ethno-logues, puis, plus récemment, et non sans fracas, chez les sociologues » (Bourdieu 1986 : 86). Il entend par là que le crédit apporté aux histoires de vie est créé en partie par l'idée que l'Histoire se poursuit sous forme de récit, en partie par la philosophie existentialiste :

> On peut tenter de dégager quelques-uns des présupposés de cette théorie. D'abord le fait que « la vie » constitue un tout, un ensemble cohérent et orienté, qui peut et doit être appréhendé comme expression unitaire d'une « intention » subjective et objective, d'un projet : la notion sartrienne de « projet original » ne fait que poser explicitement ce qui est impliqué dans les « déjà », « dès lors », « depuis son plus jeune âge », etc. (*Op.cit.* : 87)

Selon Bourdieu, la littérature moderne a depuis longtemps renoncé à croire que la vie puisse se raconter sous forme de récits (linéaires), en même temps qu'elle a renoncé à la représentation de « la vie comme existence dotée de sens, au double sens de signification et de direction » (*op.cit.* : 88). Cependant, on croit fréquemment qu'il suffit aux sociologues de demander à leurs sujets d'enquête de leur livrer l'histoire de leur vie pour qu'ils le fassent. Ils s'adaptent à la commande et « se créent une biographie ». Mais ces récits de vie tendent « à se rapprocher d'autant plus du modèle officiel de la présentation officielle de soi, carte d'identité, fiche d'état civil, (...) que l'on s'approche davantage des interrogatoires officiels des enquêtes officielles » (*op.cit.* : 91).

Bourdieu concède, il est vrai, que vouloir dépeindre comme unifiées sa vie et ses « formes de pratiques » peut dépendre de l'*habitus* de chacun, mais ce qui en réalité produit les moi unifiés, ce sont les attentes sociales institutionnalisées : « toutes sortes d'institutions de totalisation et d'unification du moi » (*ibid.* : 89). Et l'institution « la plus évidente » parmi celles-ci est le *nom propre* qui permet d'inscrire l'individu dans les registres et les annales. Elle produit l'illusion sur laquelle repose le discours biogra-phique.

Les biographes doivent donc percer l'illusion biographique, affirme Bourdieu. Et au lieu de rechercher l'unité créée institutionnellement sous laquelle se présente une personne, ils doivent rechercher les « *placements et déplacements* » de la personne « *dans l'espace social* » :

> Les événements biographiques se définissent comme autant de placements et de déplacements dans l'espace social, c'est-à-dire, plus précisément, dans les différents états successifs de la structure de la distribution des différentes es-pèces de capital qui sont en jeu dans le champ considéré. (*Op.cit.* : 93)

Déplacement et changements d'identité

Le message de Bourdieu peut sembler provocateur, et plus encore sa forme, mais il a attiré mon attention sur quelques aspects de la vie de mon sujet biographique, Torborg Nedreaas, que je n'avais pas vus de prime abord. C'est le fait qu'elle a eu *deux noms*, et peut-être même *deux identités*, et que le changement de nom et d'identité auquel elle a procédé à un certain moment explique peut-être une manœuvre bizarre qu'elle fit au cours de l'année 1947, deux ans après son début littéraire. En relevant comme le recommande Bourdieu les « placements et déplacements » de Torborg Nedreaas dans le champ littéraire, nous pouvons voir plus clairement quels étaient les règles et les rapports de force en vigueur, quel était l'espace accessible à une femme écrivain, à cette époque.

Je me propose donc de diriger ma description de la vie de Torborg Nedreaas selon la ligne méthodologique suggérée par Bourdieu dans l'essai sur l'illusion biographique et dans *Les Règles de l'art* (Paris 1992), pour partir des *champs d'action ou de possibilités* dont elle disposait, ou qu'elle se donnait, dans les différentes phases de sa vie. J'ai voulu savoir quel était son capital symbolique ou culturel, quel *habitus* avait-elle ou prétendait-elle avoir, comment connaissait-elle les *règles du jeu* ou se les appropriait-elle, et comment s'y *positionnait*-elle. Comment Torborg Nedreaas utilisait-elle son capital symbolique et culturel, ou bien ses res-sources ? Défait-elle les règles ou les reconnaissait-elle? Qui a facilité son entrée dans le champ littéraire, qui y a fait obstacle, et fut-elle gagnante ou perdante à ce jeu ?

Je ne peux donner que quelques éléments de réponse à ces questions: Je commencerai en 1938 à Bergen où habitait *Tob Kieding*, nouvellement séparée, avec deux petits garçons, et derrière elle un mariage raté, des études musicales mal préparées et mal menées. Ayant abandonné la carrière musicale à laquelle elle s'étais destinée, elle avait essayé de devenir dessinatrice, ce en quoi elle avait aussi échoué, et pour vivre lavait des cravates et reprisait des bas de soie pour dames. Mais elle avait des amies. De familles bourgeoises mais entourées d'une aura de scandale, notamment parce qu'elles étaient divorcées ou mariées à des hommes divorcés ; elles participaient à tous les événements de la vie culturelle de Bergen et occupaient une place centrale dans le milieu des « artistes bohèmes ». Très conscientes de l'importance des média, elles parlaient à la radio et publiaient toutes sortes d'écrits, aussi bien dans des médias de niveau élevé que dans ceux moins élevés, et l'amie la plus proche de Tob, Annik Saxegaard, l'encourageait à en faire autant. Elle commença donc à faire des émissions pour la radio locale de Bergen et à écrire des nouvelles dans les magazines illustrés, il s'avéra qu'elle le faisait bien. Les nouvelles publiées dans les magazines devinrent sa principale source de revenu et Tob Kieding se fit durant la guerre un nom dans le monde de la presse norvégienne.

En 1943 elle procéda cependant à un changement. Elle régla enfin son divorce d'avec monsieur Kieding et reprenant son nom de jeune fille, Torborg Nedreaas, s'est mise à écrire des nouvelles « sérieuses » pour les publier dans un recueil, et c'est sous ce nom qu'elle débuta aux Editions Aschehoug en 1945 avec le recueil de nouvelles *Bak skapet står øksen* [Derrière l'armoire, la hache], devenu un succès.

Durant la guerre, elle avait déménagé à Stord, une grande île au sud de Bergen. Mais peu après Noël 1947 elle partit pour Oslo où elle entra en contact avec le périodique *Kvinnen og tiden* [La Femme et le Temps], dirigé par des femmes liées au parti communiste, au mouvement pour la paix et au mouvement féministe. Au printemps 1947, elle publia une fable intitulée "Fjærkrementalitet og leseproblemer" [Mentalité de poulailler et problèmes de lecture], une charge à peine camouflée contre la « presse illustrée » et les romans pour jeunes filles. Les livres pour jeunes filles avaient fait l'objet de débats dans la revue pendant un certain temps, débats déclenchés par Sonja Hagemann, future spécialiste du livre pour enfants, pour qui la littérature à l'eau de rose était néfaste sous l'angle de l'égalité des sexes. Tous ceux qui savaient quels romans pour jeunes filles paraissaient à l'époque comprirent que l'un des auteurs attaqués par Torborg Nedreaas était sa vieille amie Annik Saxegaard, qui était en passe de devenir grande productrice de livres pour jeunes filles et qui avait aussi fait un article dans la revue pour défendre ce qu'elle écrivait.

Interprété avec cynisme, l'épisode peut être compris comme une « manœuvre » typique dans ce domaine. Aucun nom ne figurait dans « Fjærkrementalitet og leseproblemer » et les profanes ne pouvaient donc savoir que l'attaque visait une amie proche, mais c'est ce que les initiés y ont vu. Plus qu'autre chose, c'était surtout un geste ou une manœuvre qui situait l'auteur de la fable, Torborg Nedreaas, de façon sûre dans le milieu littéraire dominant, à bonne distance de la « mauvaise » littérature pour jeunes filles d'Annik Saxegaard comme des nouvelles douteuses de Tob Kieding pour les magazines. Nous pouvons y voir une demande de reconnaissance par le milieu littéraire « sérieux » auquel Torborg Nedreaas voulait maintenant appartenir, et en même temps l'abjuration de son identité passée de Tob Kieding. Le besoin de procéder ainsi est à mettre en rapport avec le fait qu'elle était à l'époque étroitement liée à une partie des intellectuels et écrivains progressistes en vue à Oslo, tels que l'historien d'art et critique culturel Nic. Stang (fondateur la même année de la revue littéraire *Vinduet*). Ces intellectuels étaient très attentifs à la menace que présentait la mauvaise culture de masse (américaine) pour leur propre projet de l'après-guerre : créer un nouveau mouvement culturel démocratique, à visée socialiste.

« *Affaires des femmes* »

On pourrait penser que Torborg Nedreaas n'avait pas besoin de se livrer à ce type de manœuvres en arrivant de sa province à Oslo en 1947. Elle était venue dans la capitale sur l'invitation de deux hommes qui tous deux allaient occuper une place centrale dans le domaine littéraire et politique, encore très imbriqué juste après la guerre. L'un, Aksel Bull Njå, qu'elle avait rencontré à Stord en automne 1946, à une réunion de l'Association Norvège–Union soviétique et à la fête qui suivit, lui avait écrit qu'il souhaitait la revoir. L'autre, Sigurd Hoel, à cette époque sans doute l'écrivain et arbitre du bon goût littéraire le plus puissant de Norvège (à part Arnulf Øverland peut-être), souhaitait sa collaboration à un manuscrit de film sur les garçons des orphelinats. Aksel Bull Njå et Sigurd Hoel se connaissaient du temps où, avant la guerre, ils étaient membres de l'organisation étudiante de gauche Mot Dag, et ils avaient des amis communs. Mais Sigurd Hoel s'était déplacé vers la droite de l'échiquier politique et n'était plus un ami des Soviétiques, alors qu'Aksel Bull Njå était devenu secrétaire de l'Association soviétique d'Oslo et membre du NKP (parti communiste norvégien). Torborg Nedreaas se fiança avec Aksel Bull Njå au printemps 1947 et lorsqu'ils se marièrent à l'été, le rédacteur de *Vinduet*, Nic. Stang, était l'un des témoins (l'autre était le secrétaire du parti communiste). Les rapports avec Sigurd Hoel se détériorèrent à peu près en même temps.

Sans entrer dans les détails, il est certain que le puissant Sigurd Hoel n'aimait pas Torborg Nedreaas, et le projet cinématographique auquel ils avaient collaboré finit par être annulé. Après l'annulation il écrivit dans une notice que Torborg Nedreaas avait été inutilisable pour ce travail parce qu'elle ne savait pas le dialecte de l'Est, ne comprenait rien aux garçons et en outre « ne s'intéressait qu'à l'avortement ». Il y avait sans doute du vrai dans le dernier chef d'accusation. Car Nedreaas venait justement de déposer le manuscrit du roman *Av måneskinn gror det ingenting* [Rien ne pousse au clair de lune, trad. fr. *La Nuit volée,* Paris 1990] dont le thème principal est l'avortement. Et au printemps 1947, alors qu'elle attendait la réponse de l'éditeur quant à la parution du livre, son entourage et celui d'Aksel lui apprirent que le manuscrit n'était pas particulièrement apprécié. « Une telle chose peut-elle être publiée ? », demanda l'un de ceux qui avaient été priés de lire le manuscrit, confirmant ainsi l'avis de Sigurd Hoel, pour qui la question de l'avortement ne méritait pas l'attention qu'elle lui portait.

Cet incident peut donner à penser que l'initiative prise par Nedreaas dans *Kvinnen og tiden* n'était peut-être pas seulement une tentative de se débarrasser de son passé de Tob Kieding, mais aussi une tentative de montrer aux milieux de gauche dominants qu'elle était des leurs, même si elle s'intéressait aux « affaires des femmes ».

Son roman parut, mais il ne lui procura pas un bien grand prestige. Les critiques positives y voyaient avant tout un roman de protestation, tandis que les critiques négatives portaient sur lui le même regard que les hommes qui l'avaient lu ou qui en avaient entendu parler avant la parution: ils trouvaient la thématique déplaisante et ils n'appréciaient guère cette manière d'inscrire dans la narration d'un « je » masculin le récit par une femme de sa vie de femme et de ses avortements provoqués. Ce que les critiques n'ont pas vu, pas plus que nombre d'historiens de la littérature après eux, c'est que la stratégie littéraire de Torborg Nedreaas consistait à décrire les expériences inconcevables et désagréables qui pouvaient être celles des femmes, mais de les inscrire dans le cadre formé par un narrateur ou un observateur masculin, ce qui lui permettait d'en faire l'expression du *regard de l'homme* sur la femme. Cette manière de faire crée un mélange d'adhésion (érotique) et de distance ironique par rapport aux femmes qui sont ses sujets, tout en soulignant le paradoxe de leur attitude et de l'image qu'elles ont d'elles-mêmes. En parallèle, cette approche fonctionne comme une stratégie de légitimation qui procure à ses textes un *garant mâle*.

Une position paradoxale

Torborg Nedreaas est pourtant arrivée à se positionner de façon sûre dans le domaine littéraire lorsque peu de temps après (en 1950) elle sortit *Trylleglasset* [Le prisme magique], un récit d'adolescence, genre ayant, dans le prolongement de *Veien til verdens ende* [Jusqu'au bout du monde] (1933) de Sigurd Hoel, un statut élevé dans le milieu littéraire, et composé en même temps de textes perçus par beaucoup comme le genre le plus actuel et expérimental du moment, à savoir des nouvelles courtes et modernes.

Le succès de *Trylleglasset* fut peut-être ce qui sauva Torborg Nedreaas de l'exclusion du monde littéraire dans les années cinquante, dans le climat extrêmement froid qui peu à peu s'installa dans la société norvégienne. Elle était, comme je l'ai indiqué, militante communiste, mais pas membre du parti. Mais en 1950, son mari fut exclu du parti en même temps que l'aile « titoïste » (majoritaire) et elle se mit du côté des exclus. Cependant, comme eux, elle resta l'amie loyale des Soviétiques et continua de s'opposer vivement à l'adhésion de la Norvège à l'OTAN. En 1953 elle sortit un roman futuriste, *De varme hendene* [Les mains chaudes], qui décrivait la Norvège sous la dictature de l'OTAN et des Etats-Unis, en état de siège, de vieux généraux nazis et des socio-démocrates de droite étant libres de faire la chasse aux communistes. C'était un roman qui bravait tous les signaux émis par les milieux politiques et culturels officiels, pour qui les sympathisants communistes devaient garder un profil bas, et du point de vue littéraire (et politique), c'était aussi un mauvais roman.

Torborg Nedreaas ne fut tout de même pas mise au ban, ni par le milieu littéraire ni par le public. En fait, et c'est un grand mystère dans l'« histoire de vie » de cette femme, elle fut dans les trente années qui suivirent et qui furent dominées par la guerre froide, une voix forte et présente en tant que narratrice et (malicieuse) commentatrice politique à la radio norvégienne. A vrai dire, elle irrita grandement les conservateurs et particulièrement l'aile droite libérale. L'antipathie atteignit son paroxysme quand elle prit la tête des défenseurs de l'auteure suédoise Sara Lidman qui, au mépris de toutes les « règles », avait pu prendre la parole à la radio et à la télévision norvégiennes en 1966 pour critiquer la guerre au Viêtnam. Mais Torborg Nedreaas obtint peu à peu, dans le public norvégien, le statut d'opposante et de *sibylle* que ses propres « manœuvres » ne permettent pas d'expliquer. Peut-être sa *voix* fut-elle décisive et finit-elle par l'imposer ?

Anne Birgitte Rønning

STRATÉGIES ET POSITIONNEMENTS DISCURSIFS DANS LES ROBINSONNADES AU FÉMININ

La robinsonnade, discours littéraire et culturel

Les robinsonnades « au féminin » – c'est-à-dire des robinsonnades écrites par des femmes ou traitant de Robinsons femmes – constituent un territoire littéraire peu connu et peu exploré, et pourtant fort intéressant à plus d'un égard. Champ littéraire surprenant aussi, peut-être, car Robinson sur son île déserte, dans la mythologie européenne, c'est bien l'emblème de la toute-puissance de l'individu masculin. Et pourtant, il existe une centaine de Robinsons femmes (ou filles) dans la littérature européenne des XVIIIe et XIXe siècles, dont la plupart sont décrites par des écrivaines[1]. Dans les pages qui suivent, je présenterai deux

---

[1] Les robinsonnades au féminin ont largement été négligées dans l'historie de la littérature, probablement parce qu'il s'agit et de femmes

livres de ce corpus, pour examiner surtout l'inscription de l'héroïne dans un genre « masculin ». Quels sont les stratégies et positionnements discursifs qui rendent possible l'histoire d'une naufragée dans une île déserte ? Et pourquoi les écrivaines sont-elles tentées par ce genre littéraire ? Tout d'abord, quelques remarques sur des traits génériques de la robinsonnade qui ont le plus de pertinence pour une recherche féministe.

A un niveau existentiel et culturel, l'île déserte est une notion intéressante dans l'imaginaire européen. Plutôt que comme un lieu utopique, l'île déserte peut être comprise comme une hétérotopie au sens où l'entend Foucault ; c'est un lieu non pas idéal, mais plus ou moins réel, séparé de la société, où l'action peut se développer selon d'autres règles ; c'est en même temps un miroir de cette même société (voir Foucault 1984). L'insularité, l'isolement et la solitude, ce que les Allemands appellent *Inseldasein*, ramènent l'être humain à son état naturel, et la littérature de l'île déserte se déploie comme un champ de recherche, une scène humaine expérimentale qui permet aussi l'hétérogénéité et la

---

créatrices et de littérature populaire, souvent de littérature pour la jeunesse. Alors qu'il existe toute une petite bibliothèque d'études sur les robinsonnades en général, dont le premier volume est celui de Hettner de 1854, ce n'est qu'en 1985 qu'un petit article fut publié traitant des Robinsons femmes : Jeannine Blackwell, « An Island of her Own: Heroines of the German Robinsonades from 1720 to1800. » Avec la relance en 2001 de la robinsonnade anonyme, *The Female American* [orig. 1767], deux autres ar-ticles sont publiés au sujet des problèmes de femmes et de la robinsonnade (voir Burnham 2001 et Stevens 2005). Blackwell a compté 16 « female robinsonades » dans la littérature allemande du XVIIIe siècle, et elle dresse la liste de trois robinsonnades écrites en français, quatre en anglais (dont une américaine) et trois écrites en hollandais dans les XVIIIe et XIXe siècles. Puisque la bibliographie de Blackwell comporte des erreurs et des lacunes, je prépare une bibliographie plus extensive et plus solide, qui sera publiée en 2010. Au cours de ce travail, je me suis rendu compte que le chiffre total indiqué par Blackwell doit au moins être multiplié par quatre.

contradiction. Les différences sexuelles, les stéréotypies sexuées, aussi bien que la possibilité de les dépasser ou transgresser font partie intégrante de cette scène[2].

En tant que discours littéraire, la robinsonnade est intéressante du fait de son ambivalence entre le réalisme des détails, faisant suite aux récits de voyages en mer, avec une extrême précision sur les éléments de géographie, de faune, de végétation, d'instruments de bord, d'ustensiles sauvés du navire etc., et le récit d'aventures extraordinaires où tout est possible, surtout les coïncidences. Cette oscillation entre deux discours est un trait du genre qui se trouve déjà chez Defoe et dans les robinsonnades avant la lettre, et elle ne marque nullement à l'époque une faiblesse littéraire ou un échec de l'écriture – l'invraisemblable et la coïncidence sont tout à fait acceptables au sein d'un discours prétendument « réaliste ». Cette ambiguïté est intéressante sous l'angle des recherches féministes parce que le réalisme du détail est révélateur des codes culturels et des tensions idéologiques.

La robinsonnade pose également des problèmes intéressants du point de vue de la théorie du genre et de la lecture. Comme genre littéraire, la robinsonnade est un cas à part – il est bien rare que l'on puisse constater dans une telle mesure une base générique. Les archétextes sont *The Life and Strange Surprizing Adventures of Robinson Crusoe* de Daniel Defoe (1719) et son adaptation par Joachim Heinrich Campe, *Robinson der Jüngere* (1779-80). La forte filiation générique a souvent été retracée sous les signes « d'influence » ou « d'intertextualité ». La question de l'influence, posée aux XIXe et XXe siècles, notamment dans la mise à l'écart du canon littéraire des œuvres de femmes, implique cependant une idée d'originalité qui semble

---

[2] A propos des versions révolutionnaires françaises de *Robinson Crusoe*, Paul Dottin fait remarquer « l'extraordinaire plasticité du genre [...] qui peut être adapté à tous les temps, à tous les pays, à toutes les mentalités » (Dottin 1924 : 408).

étrangère au genre même. La notion d'intertextualité est surtout employée pour faire ressortir les robinsonnades modernes ou postmodernes, telles que *Vendredi ou les limbes de Pacifique*, de Michel Tournier (1967) ou *Foe*, de J.M. Coetzee (1986). Or, il va sans dire que l'intertextualité n'est pas un trait nouveau, mais un aspect constitutif du genre.

Pour comprendre la dynamique de l'échange culturel de la robinsonnade il nous faut une notion d'intertextualité assez ouverte. La robinsonnade étant un genre si populaire, nous devons rendre compte de la lecture, des réponses et des commentaires faits dans les œuvres elles-mêmes, mais aussi en dehors d'elles – bref, faire de la contextualisation culturelle. La notion d'interdiscours et la compréhension de la primauté de l'interdiscours offrent aussi un cadre approprié pour étudier la robinsonnade, car le genre littéraire se déploie dans un vaste univers discursif[3]. Et sans une perspective de contexte culturel et d'interdiscours il ne serait guère possible de rendre compte de l'inscription des discours sexués dans les œuvres littéraires.

La robinsonnade française et les femmes

La robinsonnade était moins répandue en France que par exemple en Allemagne ou en Angleterre au XVIIIe siècle. On lisait le *Robinson Crusoé* de Defoe, traduit en français dès 1720, et quelques robinsonnades françaises telles que *L'Isle inconnue* de M. Grivel, publiée en 1783, et *Zélie dans le désert* de Madame Daubenton qui parut en 1787. Or, c'est surtout comme littérature pour les jeunes que la robinsonnade devint un genre populaire en France. En 1766 Aimé-Ambroise-Joseph Feutry fit publier une première adaptation pour les jeunes de l'œuvre de Defoe (*Robinson*

---

[3] Pour la notion de l'interdiscours et l'affirmation de la primauté de l'interdiscours, voir par exemple Charaudeau et Maingueneau 2002.

Crusoé, nouvelle imitation de l'anglais, éditions ultérieures: *Le Robinson de la jeunesse*), et l'adaptation par le pédagogue allemand Campe parut en traduction française en 1785 sous le titre *Le Nouveau Robinson pour servir à l'amusement et l'instruction des enfants de l'un et de l'autre sexe*. Les deux adaptations sont largement inspirées par la publication d'*Emile ou de l'éducation* de Rousseau (1762), où Robinson Crusoé, « débarrassé de tout son fatras », serait le seul livre d'études pour Emile. Déjà en 1760, cependant, Madame de Beaumont fit publier dans son *Magasin des adolescentes* une petite robinsonnade qui raconte le naufrage et l'isolement d'une jeune mère et de ses deux enfants. Bien que Madame de Beaumont jouisse d'un statut élevé dans la littérature pour la jeunesse, ce texte est peu mentionné dans la littérature sur les robinsonnades.

Au XIXe siècle la robinsonnade française proliférait, particulièrement dans la littérature pour la jeunesse. Alors que les histoires récentes de la littérature française nous donnent l'impression qu'il a fallu attendre Jules Verne dans les années 1870 pour que l'on puisse parler d'une robinsonnade française, le fait est qu'en France, la grande vague des robinsonnades pour les jeunes débute dans le premier quart du XIXe siècle, *avec Le Robinson de douze ans* de Madame Mallès de Beaulieu (1818) et *Le Robinson français ou le petit naufragé* de Julie Delafaye-Bréhier (1826), ainsi que la traduction française de la grande robinsonnade de famille, *Le Robinson suisse* de Johann Rudolf Wyss par Madame de Montolieu (1813/14). Ces livres, surtout *Le Robinson de douze ans* et *Le Robinson suisse*, ont connu un succès immense : ils ont été réédités à diverses reprises pendant tout le XIXe siècle et traduits en plusieurs langues[4]. Sans exagérer, on peut affirmer que le

---

[4] Le livre de Madame Beaulieu fut publié en plus de 20 éditions françaises et traduit en allemand, anglais, suédois, espagnol, italien et hollandais. *Le Robinson suisse* connut un plus grand succès en France et

succès de la robinsonnade en France est en grande partie dû à des écrivains femmes et à des traductrices (pour l'importance des traductrices, voir Mann 1916). En 1824 Madame de Montolieu fit aussi une suite à la première édition de Wyss. Dans sa préface dédiée à l'auteur suisse, elle s'excuse d'avoir pris la liberté de continuer elle-même l'histoire, la suite de Wyss tardant à paraître. Elle explique aussi pourquoi elle s'est permis une petite digression par rapport au plan de Wyss :

> Cet ouvrage ayant été, dans l'origine, composé seulement pour les jeunes garçons, il entrait dans mon plan de le rendre, en même temps, instructif et agréable aux jeunes filles. C'est dans ce dessein que j'ai introduit l'épisode d'une femme et de ses deux filles naufragées avec elle, et restées sans aucun secours. En amenant cette mère infortunée et ses enfans (sic) dans l'île de nos Robinsons, j'ai voulu tranquilliser l'imagination du lecteur sur leur avenir, en évitant cependant tout ce qui pouvait éveiller les passions. (Montolieu 1824)

La préface nous révèle l'importance de l'existence des jeunes lectrices, ainsi que leur goût pour l'aventure[5]. Dix ans

---

en Angleterre qu'en Allemagne, et il n'y a guère de doute que c'est grâce aux premières traductions, en français par Madame de Montolieu, en anglais par Mary Godwin.

[5] En Angleterre, Mary Edgworth, pédagogue de renom, nuança la valeur didactique des robinsonnades:

There is a class of books which amuse the imagination of children without acting upon their feelings. We do not allude to fairy tales, for we apprehend that these are not now much read, but we mean voyages and travels; these interest young people universally. Robinson Crusoe, Gulliver, and the Three Russian Sailors, who were cast away upon the coast of Norway, are general favourites. No child ever read an account of a shipwreck, or even a storm, without pleasure. A desert island is a delightful place, to be equalled only by the skating land of the rein-deer, or by the valley of diamonds in the Arabian tales. Savages, especially if they are cannibals, are sure to be admired, and the more hair-breadth escapes the hero of the tale has survived, and the more marvellous his

plus tard parut un livre dans lequel une fille, seule dans une île déserte, pouvait satisfaire à ce public. Le livre en question est *Emma ou le petit Robinson des demoiselles*, de Madame de Woillez (1834), et en 1844 il fut suivi de *La Petite fille de Robinson* de la Comtesse de Germanie[6].

Madame Woillez[7] (1781–1859) écrivit plusieurs livres pour les jeunes (contes, récits de voyages, romans, et fit quelques traductions de récits publiés en allemand etc.). *Emma ou le Robinson des demoiselles*, qui fut son premier roman, parut en 1834, et de nouvelles éditions suivirent en 1840, 1842, 1851, 1862, 1877, 1880. Il a été trois fois traduit en allemand (par des traducteurs différents ; 1835, 1836 et 1864) et au moins une fois en hollandais (1838) et en italien (1876). *Emma ou le Robinson des demoiselles* présente les traits des livres didactiques pour enfants des XVIIIe et XIXe siècles ; il y a un discours distinctement religieux, qui souligne les valeurs de soumission, de piété et de

---

adventures, the more sympathy he excites. Will it be thought to proceed from a spirit of contradiction if we remark that this species of reading should not early be chosen for boys of an enterprising temper, unless they are intended for a seafaring life, or for the army. The taste of adventure is absolutely incompatible with the sober perseverance necessary to success in any other liberal profession. To girls this species of reading cannot be as dangerous as it is to boys; girls must very soon perceive of the impossibility of their rambling about the world in quest of adventures; and where there appears an obvious impossibility in gratifying any wish, it is not likely to become, or at least to continue, a torment to the imagination. (Edgworth 2003 [1798] : 193-94)

Dans la littérature anglaise il y a aussi quelques Robinsons femmes au XVIIIe siècle, et au XIXe siècle, plusieurs robinsonnades pour les jeunes furent publiées par des femmes.

[6] Dans la littérature française du XIXe siècle, on compte près d'une vingtaine de robinsonnades écrites par des femmes, dont un quart comporte des héroïnes, seules ou en compagnies d'autres. De plus j'ai compté six robinsonnades féminines, écrites par des hommes.

[7] Son prénom varie : Nathalie et Catherine Thérèse ; « Catherine » est mentionné dans le catalogue de la Bibliothèque Nationale de France.

reconnaissance, mais aussi un discours didactique de l'âge des Lumières, sur la connaissance de la nature et l'utilité de l'activité physique.

Pour ce qui est de la Comtesse de Germanie et de *La petite fille de Robinson*, je n'ai pas pu trouver plus d'informations que la mention de la parution de deux éditions, en 1844 et en 1848, toutes deux faisant partie de la série « Librairie pitto-resque de la jeunesse », et d'une traduction allemande en 1844. L'héroïne de la Comtesse de Germanie est un Robinson, et par ses expériences et par son nom – elle s'appelle Anna Robinson et, lectrice passionnée du roman de Defoe, elle a la certitude d'être elle-même la petite-fille de Robinson Crusoé. C'est avec beaucoup de larmes qu'elle admet que Robinson est un héros de fiction et qu'il ne peut avoir d'héritiers dans la vie réelle. Ce sont ses petites amies de classe qui la forcent à accepter ce fait et son père, qui a bien nourri le malentendu, la console en lui assurant que, caractère certes fictif, Robinson Crusoé peut néanmoins avoir eu des modèles dans la réalité. La Comtesse de Germanie entame ainsi dès le premier cha-pitre de son roman une discussion sur les frontières entre fiction et réalité, discussion à la lumière de laquelle toute l'histoire va se développer. Dès lors, à l'issue des dix années qui séparent les deux livres, on peut observer les résultats d'un changement d'attitude à l'égard de l'enfance, une évolution dans l'histoire de la littérature enfantine ; on est passé du didactisme du XVIIIe siècle aux jeux et aux rêves du XIXe siècle.

Les deux textes sont parmi les plus fréquemment commentés des robinsonnades françaises au féminin. Ils entrent pour une part importante dans la thèse de William-Edward Mann de 1916 sur les influences de *Robinson Crusoé* en France, et Mann leur accorde des évaluations positives. Dottin, huit années plus tard, se basant sur l'étude de Mann, les mentionne sans s'attarder et avec moins d'enthousiasme. Vers la fin du XXe siècle, de nouvelles études sur la robinsonnade ont été publiées, dont la thèse de l'Allemande Inga Pohlmann, *Robinsons Erben. Zum Paradigmenwechsel in der französischen Robinsonade* (1991). Pohlmann qualifie les deux récits d'exemples de « moralische einzelrobinsonaden » du XIXe siècle. Reinhard Stach, qui a fait des recherches considérables sur la robinsonnade pour la jeunesse, semble avoir découvert *Emma ou le Robinson des demoiselles* avec la dissertation de Pohlmann et en 1996, il a consacré un chapitre à « die Robinsonin » dans lequel il inclut le livre de Madame Woillez. Toutes les études mentionnées sont largement descriptives et la question des différences sexuelles ou du discours sexué du genre n'a guère retenu l'attention des chercheurs, pas même celle de Stach.

Les discours du genre dans les récits de Madame Woillez et de la Comtesse de Germanie

Etant donné qu'il s'agit de robinsonnades, les deux intrigues ont quelques traits en commun et j'en extrairai quelques lignes pour montrer ce qui les unit et ce qui les sépare. Je concentrerai l'analyse sur quatre éléments narratifs fondamentaux de la robinsonnade : le point de départ, c'est-à-dire le contexte social du voyage ; le naufrage ; la vie sur l'île et les moyens de survie, et finalement la rencontre avec l'autre et le sauvetage.

L'enfance d'Emma et celle d'Anna se déroulent au début du XIXe siècle, dans une France colonialiste et dans une relation père-fille très proche. Les deux fillettes sont orphelines de mère ; elles aiment beaucoup leur père, et leurs pères respectifs s'occupent d'elles avec une présence et une tendresse qui ne sont pas souvent mises en relation avec la culture patriarcale du XIXe siècle. Les occupations et l'éducation paternelle préparent les fillettes à la vie solitaire qui, par une téléologie du genre littéraire, les attend dans l'avenir. A dix ans, Emma a appris de son père la religion, la musique, la danse, mais aussi l'agriculture et le tir à l'arc. (Et la concierge lui a appris à coudre.) Anna, de son côté, passe son temps « jouant à l'île déserte avec son papa ». Son instruction se fait à l'école avec les petites voisines et c'est là qu'elle s'attire les moqueries en se déclarant la petite-fille de Robinson Crusoé. A la maison, elle s'adonne aux occupations féminines, se voue à la lecture et aux jeux avec son père, le lieutenant, et leur ami, le curé.

Pour les deux fillettes, le voyage en mer et, partant, le naufrage ont la même cause : la déchéance matérielle de la famille. Le père d'Anna devient graduellement plus pauvre, alors que le père d'Emma, qui gère une propriété, doit la quitter à la suite d'un changement de propriétaire. Tous deux décident d'aller à la quête du bonheur chez des parents aux colonies. Pour le père d'Emma, la colonie ne représente pas uniquement une nouvelle possibilité, elle est en effet la cause première de sa misère ; avant de venir en France il avait dû quitter sa maison natale à Saint-Domingue après des révoltes d'esclaves. Quand Emma a quatorze ans et que son père se trouve à nouveau sans moyens, père et fille s'embarquent pour Buenos Aires avec leur « bon nègre », le fidèle serviteur Dominique. Après l'histoire du naufrage et du séjour insulaire, une fois qu'ils sont à nouveau réunis, il s'avère que le riche parent est mort sans héritiers et ils retournent en France avec des biens. Il y a donc chez Madame Woillez un discours distinct de retour en France. Le début et la fin décrivent une vie paisible, statique, près du tombeau de la mère d'Emma tandis que la mer, les colonies et l'île représentent un ailleurs imprévisible et dangereux, dont on peut cependant s'enrichir.

Chez la Comtesse de Germanie, au contraire, le discours de l'aventure coloniale l'emporte : quand Anna et son père se trouveront à nouveau réunis, ils resteront dans les colonies avec leurs nouvelles connaissances, la famille du gouverneur. Leur bon ami du village natal, le curé, viendra les y rejoindre.

Au moment du naufrage, les deux filles – Emma a quatorze ans et Anna en a douze – sont séparées de leur père dans le tumulte qui règne à bord. Elles sont évacuées du bateau, tandis que les pères y restent, apparemment pour périr, mais comme on le verra plus tard, ils trouveront un havre.

Dans le roman de Daniel Defoe, la lutte de Robinson pour sa vie dans la mer qui va l'engloutir est le sujet d'une longue description dramatique, souvent reprise dans les récits de naufrage. Cependant, une telle lutte est rare dans les robinson-nades dont les héros sont des héroïnes ou qui sont écrites par des femmes. Au lieu de la lutte contre les forces de la nature, ce que nous présentent la plupart des robinsonnades au féminin sont des situations où l'héroïne est sauvée. Le secours d'Emma lui est porté par son chien, Azor, qui « la saisit par ses vêtements, la ramène à la surface des eaux, et nage courageusement du côté de la terre dont ils sont peu éloignés » (Woillez 1842 : 42)[8]. Anna est emmenée dans une barque par le vieux marin Clément, qui, pour y parvenir, nage avec elle, puis rame toute la nuit. Au matin, quand ils arrivent vers la côte, Clément jette Anna sur la terre ferme avant que la barque ne replonge dans la mer avec lui.

Le thème du naufrage est ainsi un bon exemple de détail réaliste sexué à l'intérieur du discours d'aventures. C'est une question de vraisemblance et de lisibilité culturelle: quelle fillette de douze ans, ou quelle femme, vêtue d'une robe, aurait pu réchapper d'une mer agitée par la tempête ? Comment serait-il possible d'imaginer une fille vaincre les vagues après la description faite par Bernardin de Saint

---

[8] Les références aux textes seraient désormais marquées ainsi : W, pour Madame Woillez et G, pour la Comtesse de Germanie.

Pierre dans *Pierre et Virginie*, où la jeune Virginie par pudeur refuse d'enlever ses jupes et meurt noyée non loin de la plage ? Chez Johann Wyss, la mère Robinson a le temps de s'habiller en matelot avant de se sauver sur le radeau. Ces détails sont d'autant plus intéressants qu'ils peuvent être interprétés comme faisant partie d'un discours sinon féministe, au moins féminin, sur la dichotomie nature – culture. Dans les récits de voyage en mer, la culture masculine à bord représente tout autant le danger pour les femmes que la nature sauvage[9].

Comme pour tous les Robinsons, la vie sur l'île comporte des phases d'activité, d'abord pour y trouver un logis, puis pour rechercher la nourriture, mais elle comporte aussi des phases de mélancolie et de lamentation. Les deux filles pleurent la perte du père dont elles ne connaissent pas le sort, mais hormis ces phases de pleurs, elles s'en sortent remarquablement bien.

Emma passe cinq ans sur son île – d'abord une année toute seule, puis quatre ans avec une petite fille, naufragée du même bateau, dont elle avait fait la connaissance à bord. Pour Emma, c'est ce que lui a appris son père qui lui permet de survivre dans le désert. Qu'il s'agisse du climat, des animaux ou des plantes dont elle s'approche pour voir s'ils peuvent lui procurer quelque nourriture, elle en revient toujours à la pensée du père et à ce qu'il lui a expliqué autrefois. La mise en pratique de ses connaissances est motivée par le besoin et l'usage qu'elle peut en faire, comme chez Robinson Crusoé, et cela la ramène toujours à l'idée de son père:

> Livrée désormais à sa propre industrie pour se procurer les premières nécessités de la vie, la pauvre enfant repassait

---

[9] Voir par exemple de *The Female American*, où l'héroïne est laissée sur la plage d'une île déserte comme punition pour son refus d'épouser le fils du capitaine.

soigneusement dans sa mémoire tout ce qu'elle avait appris par les soins de son père, et ce fut ainsi qu'elle songea à se procurer du sel, dont elle venait d'éprouver la privation. (W 95-6)

Comme Robinson Crusoé, et en faisant référence à lui, elle se fabrique des ustensiles, de la poterie et des vêtements avec des plumes d'oiseaux, notamment un parapluie qui est si grand qu'il protège aussi son chien. On peut noter que ces efforts lui sont dictés surtout par une éducation au masculin, une éducation pratique telle qu'elle est envisagée par Rousseau pour Emile. Cependant, sa survie a aussi des aspects nettement féminins. Ce qu'Emma a emporté du bateau, c'est, entre autres objets, sa boîte à ouvrages et ses clefs. Les clefs ne servent à rien, mais la boite à ouvrage se révèle utile quand elle s'arrache des cheveux pour coudre son foulard et en faire un drapeau pouvant signaler sa présence sur la plage. De son jupon elle fait un sac pour ramener de la nourriture à sa grotte ; et elle se sert de son fichu pour faire du feu, puisqu'elle manque d'amadou. Quant à son habitation, ses activités de jeune fille bien élevée lui permettent de l'améliorer. Elle y est décrite comme « bonne ménagère » et quand elle veut obstruer l'ouverture de la grotte, elle ne fabrique pas de palissade : elle tisse des tapis de roseaux. Bien installée chez elle, elle fait des travaux féminins: tous les jours un peu de grammaire française, de lecture, de pratique de l'espagnol, comme le lui a appris son père, et elle fait des dessins de sa vallée, joue de la guitare et chante.

La vie de la petite Anna ne demande pas tant d'activité, car pour elle tout est prêt. Dès les premiers pas sur l'île pour l'explorer, elle trouve les traces de ses prédécesseurs :

> Mais de quel étonnement la petite Robinson ne se trouva-t-elle pas saisie lorsque, arrivée tout auprès du rocher, elle vit un de ses côtés entouré et fermé par cette

palissade qu'elle projetait d'élever, et qui déjà formait une muraille inacces-sible, un épais rempart !

– Quelqu'un demeurerait-il ici ? se demanda Anna, partagée entre la crainte et l'espoir, serait-il possible que je me trouvasse véritablement dans l'île de Robinson Crusoe, et que ce fût là sa maison ? […] Cette palissade ressemble absolument à la sienne... c'est comme le château fort qu'il décrit dans son journal […] Mon Dieu, que c'est extraordinaire! et que je voudrais pouvoir entrer ! (G 51)

Elle trouve aussi une chèvre et des brebis, des poules qu'elle rassemble et apprivoise, et elle se fait du beurre et des crêpes. Elle ne se rend même pas compte que son île est peu féconde. Le défi auquel Anna est confrontée, c'est moins la nécessité de trouver un logis et des moyens de subsistance que leur interprétation. Toutes les traces de son prédécesseur restent une véritable énigme : elle trouve des vêtements identiques à ceux de Robinson Crusoé, mais presque de sa taille à elle, et elle trouve aussi des ustensiles, dont quelques-uns sont bien faits et d'autres sont faits d'une main maladroite. Elle trouve aussi des ustensiles que Robinson Crusoé ne mentionne pas dans son récit, ce qui l'inquiète : Pourquoi Robinson a-t-il caché ces objets? Ou quelqu'un a-t-il rédigé ses papiers avant de les publier ? Cette énigme donne un sens au discours romanesque et permet la réflexion critique sur l'insularité telle qu'elle a été vécue par le héros de Defoe.

L'autre défi d'Anna, c'est la solitude. Sa vie de Robinson luit plaît, mais un petit Vendredi lui manque. Après trois mois dans la solitude, elle trouve des traces de pieds dans le sable et les signes d'une visite à son château. Elles proviennent d'un jeune garçon qu'elle rencontre quelques jours plus tard, et quand il se jette à ses pieds et se déclare petit-fils de Vendredi, elle est prête à le croire.

A la fin du livre, toutes les énigmes sont expliquées : le petit-fils de Vendredi, c'est le fils du gouverneur de la région, et comme Anna, il est un lecteur passionné du roman de Defoe. Il a reçu cette île aride de son père pour « jouer à l'île déserte » et il y a fait, avec l'aide de son précepteur et de « ses Vendredis », une reconstitution de l'habitation de Robinson. L'histoire d'Anna se termine dès lors par la confirmation des valeurs de (la lecture de) la robinsonnade et du jeu.

Comme la vie insulaire d'Emma est plus sérieuse que celle d'Anna, sa rencontre avec l'autre l'est également. C'est après un an qu'elle découvre qu'elle n'est pas seule sur son île. De l'autre côté de l'île, du côté aride, elle trouve deux personnes qu'elle a connues à bord du navire, une jeune mère et sa fille, Henriette, âgée de cinq ans. La jeune mère est mourante après une année où elle n'a absorbé que de la nourriture crue : des coquillages, des huîtres et des œufs de tortue. La jeune mère morte, c'est à Emma de prendre soin de la petite Henriette. C'est un changement important et pour Emma et pour le discours romanesque, non seulement parce qu'elle a une com-pagne humaine, mais parce qu'une certaine responsabilité lui est ainsi donnée : « elle aura à penser à d'autres besoins, à une autre existence ; en un mot, elle aura des devoirs à remplir » (W197–98). Cependant, Emma est toujours appelée « la jeune solitaire », même après l'arrivée d'Henriette.

Lectures des archétextes et positionnements discursifs féminins

Comme tous les autres textes du genre, les deux romans dont j'ai esquissé les principaux thèmes impliquent la lecture des archétextes, lecture qui est en même temps contredite et nuancée par les expériences des deux fillettes.

Les deux récits sont énoncés à la troisième personne, laissant pourtant en partie la parole aux protagonistes – Anna tient un journal à la Robinson, tandis qu'Emma écrit régulièrement des lettres à son père ou s'adresse à lui dans ses réflexions. Le père prend ainsi la place que Robinson Crusoé tient pour lui-même, un aspect illustré dans un passage qui fait référence, non sans ironie, à la scène où Robinson Crusoé, par manque de compagnie humaine, fait apprendre au perroquet à lui dire son nom. Chez Madame Woillez, on lit: « O mon père ! votre nom chéri est sans cesse sur mes lèvres, disait-elle ; je le répète si souvent que mon Henriette le redit avec moi: mon per-roquet, mon bouvreuil l'ont aussi appris …» (W 57). Mémoire de jeune fille rangée donc, plutôt que construction du moi masculin. Sinon, Emma est présentée par le narrateur hétérodiégétique dans des situations où, tout comme Robinson, elle réussit et maîtrise ses occupations. Elle est décrite comme « devenue habile dans l'art du vannier » (W 160) et « passée maîtresse en fait des poteries » (W159), ce qui fait écho aux mots de Robinson Crusoé : « By this experiment I was made master of my business » (Defoe 1985 : 118).

Selon Reinhard Stach, Emma est une figure d'identification, non une aventurière : « Keine Abenteuerin, sondern Vorbild » (Stach 1996 :75), et elle paraît ainsi un peu moins intéressante que ses homologues masculins. Sans souscrire à cette appréciation, due surtout à l'accent mis sur le discours religieux, je trouve néanmoins la description de Stach cohérente: Emma est désignée comme figure d'identification, mais de manière quelque peu ambivalente. Pour comprendre cette ambivalence, il faut faire le détour par Rousseau, comme le roman de Woillez comporte aussi clairement une lecture de l'*Emile*.

Pour Jean-Jacques Rousseau, la raison d'inclure *Robinson Crusoé* dans l'éducation d'Emile, c'est qu'il pouvait servir de bon exemple : « Il sera le texte auquel tous nos entretiens sur les sciences naturelles ne serviront que de commentaire » (1966 : 239)[10]. Et alors que l'état solitaire de Robinson

---

[10] Pour une analyse du statut de l'exemple et de l'exemplarité dans l'*Emile*, voir Harvey 2002.

Crusoé ne serait pas l'état dans lequel vivrait Emile, Rousseau maintient que « c'est sur ce même état qu'il doit apprécier tous les autres » Et il ajoute : « Le plus sûr moyen de s'élever au-dessus des préjugés et d'ordonner ses jugements sur les vrais rapports des choses, est de se mettre à la place d'un homme isolé, et de juger de tout comme cet homme en doit juger de lui-même, eu égard à sa propre utilité ». Il encouragera donc Emile à s'identifier à Robinson Crusoé.

En ce qui concerne le roman de Woillez, la lecture de l'*Emile* s'opère à plusieurs niveaux. Le texte suit l'exemple du livre de Rousseau, c'est un texte narratif qui démontre l'importance de quelques principes d'éducation. Le père d'Emma sert ici de « guide » ou précepteur, dans le rôle de Jean-Jacques [11]. Et Emma est dépeinte comme suivant l'exemple de Robinson Crusoé dans son installation pratique dans l'île. Or, il faut remarquer que par rapport à Rousseau, Emma en tant que Robinson et figure d'identification est en fait une *cross-dresser* culturelle. Car *Robinson Crusoé* n'aurait pas compté parmi les lectures de Sophie, le modèle de l'éducation des filles. Et les principes d'éducation de Sophie diffèrent radicalement de ceux de la formation d'Emile. Les normes éducatives pour les filles sont aussi énoncées dans le récit de Madame Woillez – dans la description des jeunes filles, le discours religieux et la relation entre Emma et son père. Les passages les plus intéressants du récit à cet égard sont ceux qui décrivent Emma quand elle transgresse les règles de la jeune fille bien élevée, notamment quand elle tire des oiseaux à l'arc ou

---

[11] L'anglaise Ann Fraser Tytler fit publier une robinsonnade avec une petite fille Robinson en 1839, *Leila, or The Island,* mais contrairement à Emma, Leila fait naufrage avec son père et sa gouvernante, ce qui donne tout un autre discours pédagogique. Ici le père garde tout le contrôle et quand il permet à l'enfant de faire ses expériences, ce n'est que pour lui inculquer ensuite une morale univoque et paternaliste.

quand elle s'approche du « tombeau » de Madame Duval pour y ériger une croix malgré la forte odeur de décomposition du cadavre.

Dans une adresse aux lectrices, le narrateur, tout en soulignant les ressemblances, explique aussi comment Emma, par son éducation, se différencie des jeunes filles ordinaires :

> O vous, jeunes filles, élevées dans la mollesse, et dont les doigts délicats se sont peut-être fatigués en effeuillant quelques roses, ou en reproduisant sur une gaze légère la fleur que vous aviez admirée sur sa tige ; suivez, au milieu du désert, cette jeune infortunée qui reçut, il est vrai, une éducation plus solide et plus utile que la vôtre, mais qui pourtant n'a jamais éprouvé d'autres fatigues que celles que pouvaient supporter son sexe et son âge ; qui, vous l'avez vu, était tendrement aimée ; qui après avoir goûté toutes les douceurs d'une heureuse aisance, se voit tout à coup réduite, sans appui, sans consolation, à chercher péniblement chaque jour sa nourriture ; qui n'a que la terre pour lit, des feuilles pour couverture, et qui, enfin manquant de tout à la fois, ne peut se procurer les premières nécessités de la vie, qu'en se livrant aux plus rudes travaux ! (W 110–11 expression soulignée par moi)

On peut dire, en effet, que le genre littéraire invite à plaider en faveur d'une « éducation plus solide et plus utile » pour les jeunes filles. La comparaison avec Madame Duval, la mère d'Henriette, confirme cette hypothèse. Elle est l'incarnation de la bonne mère, affectueuse, tendre et pieuse, mais ces vertus ne lui suffisent pas pour sauver sa petite fille une fois qu'elles sont naufragées toutes les deux et qu'elles se retrouvent dans la nature sauvage. Alors, c'est la force et le souci pratiques d'Emma qui vont compter: « Du moins, reprit la femme mourante, vous y avez découvert des ressources qui m'ont totalement manqué [...] elle songeait avec un inexprimable bonheur que son enfant allait avoir pour appui un ange de vertu, qui lui donnerait l'exemple du courage et de la résignation » (W 173–75)[12].

La lecture de Rousseau est portée à un autre niveau une fois qu'Emma a été chargée de la responsabilité d'Henriette. A partir de là, Emma devient elle-même « guide » et elle se fait des réflexions pédagogiques : « Se créant dès lors un plan d'éducation appropriée à l'âge de son élève, elle le suivit avec exactitude, s'attachant surtout à ne jamais rien exiger d'elle que d'abord elle ne lui en eût donné l'exemple » (W 207)[13]. A ce niveau aussi, il est possible de noter un aspect de *cross-dressing* culturel, car à part les premières années de soins maternels, le rôle de pédagogue prescrit par Rousseau est masculin. Emma prend à nouveau son propre père comme modèle et s'efforce de donner à Henriette une éducation aussi proche que possible de la sienne. Plus que l'entraînement physique et les travaux pratiques, cependant, le livre décrit de cette éducation surtout les aspects propres à la petite fille catholique bien élevée ; prière, reconnaissance, sensibilité. Il est significatif

---

[12] Dans son analyse, Inga Pohlmann conclut que le livre de Woillez ressemble à une hagiographie où Emma fait figure d'une sainte. La scène où Emma pose la croix au tombeau de Madame Duval est emblématique dans cette perspective. Il est intéressant de relever que dans mon optique elle est cruciale aussi, mais plutôt en ce qui concerne les tabous culturels dans l'éducation des jeunes filles. Le même tabou se retrouve dans une robinsonnade suédoise écrit par un homme, avec une Robinson fille qui reste solitaire dans une île du Pacifique après la mort de son père. Dans son agonie le père monte sur un rocher et fait promettre à la jeune fille de ne jamais s'approcher de son lit de mort mais de s'en servir comme mémorial, de loin (voir Mellin 1823). Le récit de Mellin fut publié en français dans une version un peu élargie et sous un autre nom d'auteur en 1895 : Granström, E. : *La Nouvelle Robinsonette, aventures d'une fillette sur une île déserte.* Le passage mentionné se trouve aussi dans la version française, p. 181–82.

[13] Voir Rousseau: « Pour cela, travaillez vous-même, donnez-lui partout l'exemple; pour le rendre maître, soyez partout apprenti (…) » (1966 : 240).

qu'Emma prenne soin de ne pas flatter l'amour-propre de sa protégée. A une seule occasion, où elle lui a fait des vêtements un peu ornés et s'exclame « que tu es jolie ! », elle se reprend et réfléchit: si elle lui fait des compliments, la petite risque de devenir vaniteuse. Il y a donc à tous les niveaux du projet didactique de l'œuvre une forte ambiguïté qui se rapporte aux différences sexuelles et aux stéréotypies sexuées.

Vers la fin du livre, quand Emma et Henriette sont sauvées de l'île, un vieil aumônier félicite Monsieur de Surville :

> C'est à l'excellente éducation que vous avez donnée à votre enfant, lui dit-il, que vous devez de le retrouver aujourd'hui si digne de votre tendresse. Qu'eût-elle fait dans ce désert, si elle n'eût eu au fond de son cœur la pensée de Dieu que vous y aviez gravée dès ses plus jeunes ans? (W 288)

Le mot de la fin est ainsi laissé aux discours religieux et pédagogique, mais en tant que conclusion, la remarque est loin d'être univoque. Il s'agit d'un propos dans une situation de communication double ; adressé par un personnage du récit aux personnages fictifs, mais d'une ampleur et d'un pathos qui invoquent les lecteurs. Et les lecteurs vont probablement hésiter, entre l'acceptation de la constatation du dévot et l'expérience de la lecture de l'aventure, qui nous confirme que c'est par son éducation pratique, à la façon d'Emile, qu'Emma est dotée des moyens de survivre.

Dans le livre de la Comtesse de Germanie, la lecture de Defoe prend, comme on l'a vu, la forme d'une véritable mise en scène, construite par le fils du gouverneur, vécue par la protagoniste. Anna est aventurière, bien que dans la modalité du jeu ; c'est comme si la Comtesse de Germanie avait décidé de suivre l'appel de Rousseau : « Je veux que la tête lui en tourne, qu'il s'occupe sans cesse de son château, de ses chèvres, de ses plantations ; qu'il apprenne en détail, non dans des livres, mais sur les choses, tout ce qu'il faut savoir en pareil cas ; qu'il pense être Robinson lui-même » (1966 : 239). Toute sa vie Anna a souhaité faire naufrage, et elle en est au début tout à fait contente, et pleine de courage. Cependant, dès le troisième jour sur l'île, elle avoue dans son journal : « J'ai beaucoup désiré être comme lui dans une île déserte … m'y voici aujourd'hui, comprenant par l'expérience de la réalité combien mon rêve était insensé. » (G 71–72) Ce qui rend le rêve insensé et la vie insupportable pour Anna, c'est la solitude sur l'île. Ceci prend la forme d'une critique de la vision de l'homme solitaire, si vantée dans les recherches sur Defoe :

> Combien je suis heureuse de revoir en peinture mon ancien ami et grand-père, le vieux Robinson ! Avec quel nouvel intérêt je relis ses aventures, maintenant que j'en ai eues de pareilles ! …Mais quelque chose qui me frappe à présent, et qui ne m'avait pas frappée jadis, c'est qu'on a tort de dire qu'il s'est suffi à lui-même ; car, enfin, tout ce que désire Robinson, tout ce dont il a besoin, lui tombe entre les mains ; et sans la quantité de choses qu'il sauve du vaisseau, il n'aurait guère mieux pu se suffire à lui-même que je ne le pourrais sans tout ce que j'ai trouvé ici. Non, non, personne ne peut se suffire à soi-même ! Je vois maintenant que c'est un mensonge de dire le contraire. (G 88–89)

Par ces mots, la petite Anna s'oppose aussi à la lecture de *Robinson Crusoé* faite par Rousseau et à la révision de Campe après les recommandations de Rousseau. Car une des différences entre le Robinson Crusoé de Defoe et celui de Campe, c'est que ce dernier doit, durant les premiers temps, se débrouiller sans aucun outil emporté du navire[14]. Anna

---

[14] Paradoxalement, de ce fait, elle le prend aussi au mot;car Rousseau affirme que c'est par son identification à Robinson Crusoé qu' Emile peut se distancer de lui et juger de son comportement: « Je veux qu'il s'inquiète des mesures à prendre, si ceci ou cela venait à lui manquer, qu'il examine la conduite de son héros, qu'il cherche s'il n'a rien omis,

fait une autre remarque critique quand, comme toutes les héroïnes de robinsonnades, elle exprime son hésitation à tuer des animaux. Même si elle avait eu un fusil, elle n'aurait pas supporté de s'en servir.

Dans la suite du récit, la mise en scène révélée à la fin ne contredit en rien les réflexions de la petite Anna. Au contraire, il est démontré « que l'on n'est jamais tout à fait seul » et, comme je l'ai déjà relevé, son plaisir du jeu est confirmé par le fait que le fils du gouverneur, son supérieur en classe sociale et en maturité, se reconnaît en elle.

La robinsonnade comme stratégie et autorité discursives

Il y a donc des traits communs à nos deux textes, traits qui tiennent au genre littéraire et au fait qu'il s'agit de deux jeunes filles ; mais il y a aussi des différences quant au discours sur la France et les colonies, sur l'enfance et l'éducation. Dix ans seulement séparent la parution des deux romans, 1834 et 1844, mais cela correspond à un changement de mentalité important, où l'on passe du discours pédagogique des Lumières mêlé d'un pieux christianisme au discours du romantisme, qui loue la fiction comme élan vital, et où le rêve et la littérature sont une partie nécessaire de la vie et de l'éducation.

L'objectif ici n'a pas été de suivre l'évolution du genre de la robinsonnade, à la manière de Stach ou de Pohlmann, mais d'examiner l'inscription de la femme dans un genre fortement masculin. Pourquoi les femmes écrivent-elles des robinson-nades ? C'était à l'époque un genre populaire, qui vendait bien ; plus important me paraît cependant le fait que

---

s'il n'y avait rien de mieux à faire: qu'il marque attentivement ses fautes, et qu'il en profite pour n'y pas tomber lui-même en pareil cas (…) » (1966 : 239).

c'est un genre qui invite à l'expérimentation et qui permet aux écrivains femmes d'exprimer certains conflits de la vie des femmes dans la société et de mettre en scène une autre vie dans une hétérotopie. Mais par quels discours l'inscription d'une femme ou d'une fille dans l'intrigue de la robinsonnade pouvait-elle se faire au XIXe siècle ? Et qu'est-ce que cela a apporté au genre ?

Quant aux deux textes analysés ici, on peut noter que c'est par le discours pédagogique et le discours propre à la littérature de jeunesse que les deux auteures peuvent se positionner comme écrivains. Et la robinsonnade offre un discours d'aventures moins soumis aux conventions sociales, sexuées et réalistes, que d'autres discours littéraires et pédagogiques. L'intersection des discours dans les deux textes se manifeste cependant de manière différente – et avec des effets différents. Dans le cas de Madame Woillez, le discours didactique peut ainsi être considéré comme une stratégie discursive pour raconter l'historie incroyable d'une fille qui parvient à se tirer d'affaire dans une situation extrême. Les références intertextuelles à l'œuvre de Defoe et Rousseau assurent une autorité pédagogique et littéraire qui permet le dépassement des dichotomies sexuées. Les tensions inhérentes à cette intersection sont soulignées par le propos de l'aumônier vers la fin du livre, puisqu'il implique une sorte de reniement de la robinsonnade au profit du discours didactique. Dans le livre de la Comtesse de Germanie, de son côté, l'inscription de la fille dans les aventures est rendue possible par un discours didactique plus ludique ; ce n'est qu'en « jouant à l'île déserte » qu'une fille peut vivre l'aventure de Robinson. Ce discours, propre au livre de jeunesse de l'époque, assure à son tour une autorité discursive qui permet la critique de l'individualisme masculin dans l'œuvre de Defoe.

RÉFÉRENCES BIBLIOGRAPHIQUES

ADAM J.-M., U. HEIDMANN (éds.). 2005. *Sciences du texte et analyse de discours. Enjeux d'une interdisciplinarité*. Genève : Slatkine Erudition.

ÅMÅS, K. 2004. *Ein biografi om Olav H. Hauge*. Oslo : Det Norske Samlaget.

AMBJØRNSSON, R., P. RINGBY & S. ÅKERMAN (eds.). 1997. *Att skriva människan. Essäer om biografin som livshistoria och som vetenskaplig genre*. Umeå : Carlssons.

AMOSSY, R. 2000. « La mise en scène de l'argumentation dans la fiction. Le tract pacifiste de Jacques Thibault.» In *De l'argumentation à la fiction*, L. DUMASY (éd.), *Recherches et Travaux*, 57, Grenoble, p. 49-62.

AMOSSY, R. 2000/2006. *L'Argumentation dans le discours*. Paris : Nathan.

AMOSSY, R. 2001. « Images de soi, images de l'autre dans l'interaction (auto) biographique: *La mort est mon métier* de Robert Merle ». In *Paradoxes du biographique*, *Revue des Sciences Humaines*, Dominique Viart (éd.), p.161-182.

AMOSSY, R. (éd.). 2005a. « Analyse du discours et sociocritique. », *Littérature*, 140. Paris : Larousse.

AMOSSY, R. 2005b. "The argumentative dimension of discourse". In *Practices of Argumentation*, F. H. van Eemeren and P. Houtlosser (éds.), Amsterdam: John Benjamins Publishing Company, p. 87–98.

AMOSSY, R. 2007. « Les récits médiatiques de grande diffusion au prisme de l'argumentation dans le discours : le cas du roman feuilleton ». In *Idéologie et stratégies argumentatives dans les* récits imprimés de grande consommation. *XIXème-XXIème siècles, Belphégor,* <http://etc.dal.ca/belphegor>.

AMOSSY, R. 2009. « La double nature de l'image d'auteur », *Argumentation et Analyse du Discours,* n° 3 | 2009, [En ligne], mis en ligne le 15 octobre 2009. URL : <http://aad.revues.org/index662.html>.

AMOSSY, R. et D. MAINGUENEAU (éds.). 2003. *L'Analyse du discours dans les études littéraires.* Toulouse : Presses Universitaires du Mirail.

ANGENOT, M. 1992. « Que peut la littérature ? Sociocritique littéraire et critique du discours social. » In *La politique du texte. Enjeux sociocritiques,* J. Neefs et M.-C. Ropars (éds.), Presses universitaires de Lille, p. 9–27.

ARON, P. & A. VIALA. 2006. *Sociologie de la littérature.* Paris : PUF.

ARON, P., D. SAINT-JACQUES, A. VIALA (éds.). 2002. *Le Dictionnaire du Littéraire.* Paris : PUF.

BACKSCHEIDER, P. 1999. *Reflections on Biography.* Oxford : Oxford University Press.

BAKHTINE, M. 1979. *Esthétique de la création verbale.* Paris : Gallimard.

BAKHTINE, M. 1981. "Ancient Biography and Autobiography." In *The dialogical Imagination,* Holquist M. (ed.), Austin : University of Texas Press, p. 130–146.

BANDIER, N. 1999. *Sociologie du surréalisme.* Paris : La Dispute.

BEAUMONT, Madame de. 1760. *Le Magasin des Adolescentes,* « XVIe dialogue ». Londres : J. Nourse.

BERG, C. 1990. « Aristocratie, exil et décadence : Daudet, Bourges, Huysmans, Lorrain. » In *La littérature fin de siècle, une littérature décadente ?,* Actes du colloque international sur la littérature fin de siècle. Luxembourg : Revue luxembourgeoise de littérature générale et comparée, p. 61–72.

BERTRAND, J.-P., M. BIRON, J. DUBOIS & J. PAQUE. 1996. *Le Roman célibataire. D'*À rebours *à* Paludes. Paris : Corti.

BLACKWELL, J. 1985. "An Island of her Own : Heroines of the German Robinsonades from 1720 to1800." In *The German Quarterly* 58/1.

BOSCHETTI, A. 1984. *Sartre et les* Temps modernes. Paris : Minuit.

BOSCHETTI, A. 2001. *La Poésie partout. Apollinaire.* Paris : Seuil.

BOURDIEU, P. 1966. « Champ intellectuel et projet créateur. » In *Les Temps modernes*, n° 246, p. 865-906.

BOURDIEU, P. 1971. « Le marché des biens symboliques. » In *L'Année sociologique*, vol. 22, p. 49–106.

BOURDIEU, P. 1975. « L'invention de la vie d'artiste. » In *Actes de la recherche en sciences sociales*, n° 2, p. 67-94.

BOURDIEU, P. 1984. « Lecture, lecteurs, lettrés, littérature. » In *Choses dites*. Paris : Minuit, p. 132-143.

BOURDIEU, P. 1986. « L'illusion biographique ». In *Actes de la recherche en sciences sociales*, 62/63, juin 1986, p. 69-72.

BOURDIEU, P. 1991. « Le champ littéraire. » In *Actes de la recherche en sciences sociales*, no. 89, p. 3-47.

BOURDIEU, P. 1992. *Les Règles de l'art*. Paris : Seuil.

BOURDIEU, P. 1992/1998. *Les Règles de l'art. Genèse et structure du champ littéraire.* Paris : Seuil.

BOURDIEU, P. 1994. *Raisons pratiques, Sur la théorie de l'action.* Paris : Seuil.

BURKE, S. 1992. *The Death and Return of the Author.* Edinburgh : Edinburgh University Press.

BURNHAM, M. 2001. "Introduction." In *The Female American, or the Adventures of Unca Eliza Winkfield* [1767]. M Burnham (ed.), Ontario, Canada : Broadview Press, p. 9–28.

CASANOVA P. 1999. *La République mondiale des lettres.* Paris : Seuil.

CAZIER, J.-P. (éd.). 2007. *Abécédaire de Pierre Bourdieu.* Paris : Éditions Sils Maria & Vrin.

CHARAUDEAU, P. et D. MAINGUENEAU (éds.). 2002. *Dictionnaire d'analyse du discours.* Paris : Seuil.

CHARLE, C. 1979. *La Crise littéraire à l'époque du naturalisme*. Paris : PENS.

CHARLE, C. 1990. *Naissance des « intellectuels », 1880–1900*. Paris : Minuit.

CHARTIER, R. 1998. *Au bord de la falaise*. Paris : Albin Michel.

CITTI, P. 2000. *La Mésintelligence. Essais d'histoire de l'intelligence française du symbolisme à 1914*. Paris : Éditions des Cahiers intempestifs.

CLEMENT, F., M. ROCA, F. SCHULTHEIS & M. BERCLAZ (dirs.). 2006. *L'Inconscient académique*. Zurich : Seismo.

CONYNGHAM, D. 1975. *Le Silence éloquent. Thèmes et structures de l'Ève future de Villiers de L'Isle-Adam*. Paris : Corti.

DEFOE, D. 1985 [1719]. *The Life and Adventure of Robinson Crusoe*. London : Penguin Classics.

DELORMAS, P. 2006. *Les Genres de la mise en scène de soi : les autographies de Jean-Jacques Rousseau*, Université Paris 12, thèse non publiée.

DELORMAS, P. 2008. « Auteur et interdiscours. Le cas de l'autographie. » In Actes du Symposium International d'analyse du discours, Université Fédérale du Minais Gerais, colloque, Belo Horizonte. A paraître.

DELORMAS, P. 2008. « Reconditionnement énonciatif et reconfiguration discursive dans les discours de la mise en scène de soi : l'exemple des autographies de Jean-Jacques Rousseau. » In *Actes du 1er Congrès Mondial de Linguistique Française*. Paris : INALF

DELORMAS, P. 2008. « L'image de soi dans les « autographies » de Rousseau et le recours à la rhétorique traditionnelle. » *Argumentation et Analyse du Discours*, n° 1 | 2008, [En ligne], mis en ligne le 18 septembre 2008. URL : <http://aad.revues.org/index311.html>.

DELORMAS, P. 2009. « Du genre littéraire au genre discursif : le cas de l'autographie. » In Actes du colloque *Linguistique et littérature : Cluny, 40 ans après*, Besançon. À paraître.

DIRKX, P. 2000. *Sociologie de la littérature*. Paris : Armand Colin.

DOTTIN, P. 1924. *Daniel De Foe et ses romans*, Paris : Presses Universitaires de France.

DUBOIS, J. 1997. *Pour Albertine*. Paris : Seuil.

DUBOIS, J. 2007. *Stendhal, une sociologie romanesque*. Paris : La Découverte.

DUCROT, O. 1984. *Le Dire et le dit*. Paris : Minuit.

EDGWORTH, M. 2003 [1798]. *Practical Education, The Novels and Selected Works of Maria Edgworth*.S. Manly (ed.). London : Pickering & Chatto.

EGELAND, M. 2000. *Hvem bestemmer over livet*. Oslo : Universitetsforlaget (thèse défendue à l'Université d'Oslo en 2002 sous le titre de *Biografiens retorikk [La rhétorique de la biographie]*. Oslo : Unipub).

EYDOUX, E. 2007. *Histoire de la littérature norvégienne*. Caen : Presses universitaires de Caen.

FOUCAULT, M. 1969. *L'Archéologie du savoir*. Paris : Gallimard.

FOUCAULT, M. 1984. « Des Espaces Autres .» In *Architecture-Mouvement-Continuité*. Octobre. Paris : La Société des architectes diplômés par le gouvernement.

FOUCAULT, M. 1994 [1969] « Qu'est-ce qu'un auteur ? » In *Dits et Écrits*, t. I. Paris : Gallimard.

GENETTE, G. 1982. *Palimpsestes. La littérature au second degré*. Paris : Seuil.

GERMANIE, Comtesse de. 1844. *La Petite fille de Robinson*. Paris : Librairie pittoresque de la jeunesse.

GOURMONT (de), R. 1890. *Sixtine*. Paris : Albert Savine.

GRANSTRÖM, E. 1895. *La Nouvelle Robinsonette, aventures d'une fillette sur une île déserte*. Adapté du russe par Léon Golschmann et Ernest Jaubert. Paris : Firmin-Didot.

GRIZE, J.-B. 1990. *Logique et langage*. Paris : Ophrys.

HARVEY, I. E. 2002. *Labyrinths of Exemplarity. At the Limits of Deconstruction*. Albany : State University of New York Press.

HETTNER, H.1854. *Robinson und die Robinsonaden*, Berlin : Verlag von Wilhelm Herz.

HURET, J. 1891. *Enquête sur l'évolution littéraire*. Paris : Bibliothèque Charpentier.

HUYSMANS, J.-K. 1978. *À Rebours*. Paris : GF-Flammarion.

JABLONKA, I. 2004. *Les Vérités inavouables de Jean Genet*. Paris : Seuil.

JAKOBSON, R. 1963. *Essais de linguistique générale*. Paris : Édition de Minuit.

JARRY, A. 1987. *Œuvres Complètes*, t. II. Paris : Gallimard.

JEFFERSON, A. 2007. *Biography and the Question of Literature*. Oxford : Oxford University Press.

JOCH, M. &, N. WOLF (eds.). *Text und Feld*. Tübingen : Niemeyer.

JURT, J. (éd.). *Le Texte et le contexte. Analyses du champ littéraire français*. Berlin : Arno Spitz.

LAHIRE, B. 2006. *La Condition littéraire. La « double vie » des écrivains*. Paris : La Découverte.

LAISNEY, V. 2007. « De l'amitié littéraire à la sociabilité cénaculaire. Mallarmé et les "Mardis" de la rue de Rome. » In *Amitié et création littéraire*, Actes du colloque international de Bourges. Paris : Bulletin des amis de Jacques Rivière et d'Alain Fournier, p. 57-75.

LARSSON, L. 2007. « *Biografins återkomster* ». In *Med livet som innsats*. Rosengren, H. *et al* (éds.). Lund : Sekel 2007.

LEJEUNE, P. 1975. *Le Pacte autobiographique*. Paris : Seuil.

MADELÉNAT, D. 1984. *La Biographie*. Paris : PUF.

MAINGUENEAU, D. 1993. *Le Contexte de l'œuvre littéraire*. Paris : Dunod.

MAINGUENEAU, D. 2004. *Le Discours littéraire. Paratopie et scène d'énonciation*. Paris : Armand Colin.

MAINGUENEAU, D. 2006. *Contre Saint Proust ou la fin de la Littérature*. Paris : Belin.

MAINGUENEAU D. & F. COSSUTTA. 1995. « l'Analyse des discours constituants. » *Langages*, 117, p. 112–125.

MALLARMÉ, S. 2003. *Œuvres complètes*, t. II. Paris : Gallimard.

MANN, W.-E. 1916. *Robinson Crusoé en France. Etude sur l'influence de cette œuvre dans la littérature française*. Paris : Typographie A. Davy.

MARCHAL, B. (éd.). 1998. *Stéphane Mallarmé*. Paris : Presses de l'Université de Paris-Sorbonne.

MARCUS, L. 1994. *Auto/biographical discourses*. Manchester & N. Y. : Machester University Press.

MEIZOZ, J. 2001. *L'Âge du roman parlant 1919–1939*, préface de P. Bourdieu. Genève : Droz.

MEIZOZ, J. 2003. *Le Gueux philosophe. Jean-Jacques Rousseau*. Lausanne : Antipodes.

MEIZOZ, J. 2004. *L'Œil sociologue et la littérature*. Genève : Slatkine Erudition.

MEIZOZ, J. 2007. *Postures littéraires. Mises en scène modernes de l'auteur*. Genève : Slatkine Erudition.

MEIZOZ, J., (éd.). 2006. *Discours en contexte. Théorie des champs et analyse du discours*. In *COnTEXTES, revue de sociologie de la littérature*, no. 1, <http://www.revuecontextes.net/sommaire.php?id=38>. Liège.

MELLIN, G. H. 1832. *Öjungfrun*. Stockholm : N.H.Thomson.

MICHAUD, G. 1947. *Message poétique du symbolisme. L'aventure poétique, la révolution poétique, l'univers poétique, la doctrine symboliste*. Paris : Nizet.

MICHELET-JACQUOD, V. 2008. *Le Roman symboliste. Un art de l'« extrême conscience »*. Genève : Droz.

MONK, R. 2005. "Den filosofiske biografien – selve ideen." In *Biografi som teori og praksis*. HIDE, Ø. (dir.). Oslo : Unipub.

MONTOLIEU, I. Madame de. 1824. *Continuation au Robinson suisse ou Journal d'un père de famille naufragé avec ses enfans*. Paris : Arthus Bertrand, libraire.

MUHLFELD, L. 1896. « Sur la clarté.» In *La Revue blanche*, n° 75. Paris : Éditions de la Revue blanche, p. 73–82.

MUNCK, K. 2005. *Att föda text*. Stockholm/Stehag : Symposion.

NEDREAAS, T. 1947. *Av måneskinn gror det ingenting*. Oslo : Aschehoug forlag [trad. fr. *La Nuit volée*, Paris 1990].

NEDREAAS, T. 1950. *Trylleglasset [Le Prisme magique]* Oslo : Aschehoug forlag.

NEDREAAS, T. 1953. *De varme hendene*. Oslo : Aschehoug forlag.

NEDREAAS, T. 1960. *Musikk fra en blå brønn* [*Musique d'un puits bleu*]. Oslo : Aschehoug forlag.

NEDREAAS, T. 1971. *Ved neste nymåne [A la prochaine lune]* Oslo : Aschehoug forlag.

ØSTENSTAD, I. 2009. « Quelle importance a le nom de l'auteur. » *Argumentation et Analyse du Discours*, n° 3 | 2009, [En ligne], mis en ligne le 15 octobre 2009. URL : <http://aad.revues.org/index665.html>.

PERELMAN, C. & O. OLBRECHTS-TYTECA. 1970 [1958]. *Traité de l'argumentation. La Nouvelle rhétorique.* Bruxelles : Éditions de l'Université de Bruxelles.

PINTO, L. 1995. *Les Neveux de Zarathoustra. Réception de Nietzsche en France.* Paris : Seuil.

PLANTIN, C. 1996. *L'Argumentation.* Paris : Seuil.

POHLMANN, I. 1991. *Robinsons Erben. Zum Paradigmenwechsel in der französischen Robinsonade.* Konstanz : Hartung-Gorre.

PONTON, R. 1975. « Naissance du roman psychologique ». In *Actes de la recherche en sciences sociales*, n° 4., p. 66-81.

RAITT, A. W. 1965. *Villiers de l'Isle-Adam et le Mouvement Symboliste*. Paris : Corti.

ROSENGREN, H. *et al* (eds.). 2007. *Med livet som innsats. Biografin som humanistisk genre.* Lund : Sekel.

ROUSSEAU, J.-J. 1966 [1762]. *Emile, ou l'Education*. Paris : Garnier-Flammarion.

SAINT-PIERRE, B. 1984 [1788/1806]. *Paul et Virginie*, Paris : Gallimard.

SAPIRO, G. 1999. *La Guerre des écrivains 1940–1953.* Paris : Fayard.

SCHWOB, M. 2002. *Œuvres*. Paris : Les Belles Lettres.
SENNETT, R. 1974. *Fall of Public Man*. N.Y.: W.W. Norton & Company.
SERRY, H. 2004. *Naissance de l'écrivain catholique*. Paris : La Découverte.
SOLSTAD, D. 1990. *Medaljens forside. En roman om Aker*. Oslo : Cappelen.
SOLSTAD, D. 1994. *Genanse og verdighet*. Oslo : Oktober.
SOLSTAD, D. 2002. *16-07-41. Roman*. Oslo : Oktober.
SOLSTAD, D. 2008. *Honte et dignité*. Trad. J.-B. Coursaud. Montréal : Les Allusifs.
SOUZA (de), R. 1899. *La Poésie Populaire et le Lyrisme Sentimental*. Paris : Mercure de France.
STACH, R. 1996. *Robinsonaden. Bestseller der Jugendliteratur, Schriftenreihe der Deutschen Akademie für Kinder- und Jugendliteratur Band 18*, Baltmannsweiler : Schneider-Verl. Hohengehren, 1996.
STAROBINSKI, J. 1971. *Jean-Jacques Rousseau. La Transparence et l'obstacle*. Paris : Gallimard.
STEVENS, L. M. 2005. "Reading the Hermit's Manuscript : The Female American and Female Robinsonades." In Novak, M.E et C. Fischer (eds.) *Approaches to Teaching Defoe's Robinson Crusoe*. New York : The Modern Language Association, p. 140–151.
SVEDJEDAL, J. 2007. "Skrivna ord, skrivna liv." In *Med livet som innsats* Rosengren, H. *et al* (eds.). Lund : Sekel 2007.
TAYLOR, Ch. 1989. *Sources of the Self. The Making of Modern Identity*. Cambridge : Cambridge University Press 1989) [1998. *Les Sources du soi. La Formation de l'Identité Moderne*. Paris : Seuil].
BURNHAM, M (éd.). 2001. *The Female American, or the Adventures of Unca Eliza Winkfield*. [1767]. Ontario, Canada : Broadview Press.
THIESSE, A.-M. 1984. *Le Roman du quotidien. Lecteurs et lectures à la Belle Epoque*. Paris : Le Chemin vert.

THIESSE, A.-M. 1991. *Ecrire la France. Le mouvement littéraire régionaliste.* Paris : PUF.

TYTLER, A. F.1839. *Leila, or The Island*, London : J. Hatchard and Son.

VAILLANT, A. 2002. « Du bon usage du concept de légitimité : notes en marge de l'histoire littéraire du XIXe siècle. » In *Lieux littéraires / La Revue*, n° 5. Montpellier : Université Paul-Valéry, p. 81-105.

VIALA, A. 1985. *Naissance de l'écrivain. Sociologie de la littérature à l'âge classique.* Paris : Minuit.

VIALA, A. 1993. « Eléments de sociopoétique. » In A. VIALA, G. MOLINIE : *Approches de la réception. Sociopoétique et sémiostylistique de Le Clézio,* Paris : PUF, p. 139-220.

VILLIERS DE L'ISLE-ADAM (de), A. 1986. *Œuvres Complètes*, t. I. Paris : Gallimard.

WALTON, S. 2008. *Skaff deg eit liv*! Oslo : Det norske samlaget.

WOILLEZ, Madame de. 1842 [1834]. *Emma ou le Robinson des demoiselles*, Paris : Langlumé et Peltier Librairies, 2ème édition.

ONT CONTRIBUÉ À CE VOLUME

RUTH AMOSSY, Université de Tel Aviv, groupe de recherche ADARR, professeur de littérature française et de théorie de la littérature, spécialiste d'AD et d'argumentation.

PASCALE DELORMAS, Université Paris 12, maître de conférence, membre du CIRCEFT Paris 8/Paris 12, membre associée du CEDITEC.

IRENE IVERSEN, Université d'Oslo, professeur de littérature comparée

DOMINIQUE MAINGUENEAU, Université Paris 12, professeur de linguistique, membre du CEDITEC

JÉROME MEIZOZ, Université de Lausanne, maître-assistant

INGER ØSTENSTAD, Université d'Oslo, enseignante chercheuse en littérature comparée

ANNE BIRGITTE RØNNING, Université d'Oslo, maître de conférence en littérature comparée

JULIEN SCHUH, Université Reims Champagne-Ardenne, maître de conférence en littérature française, membre du CRIMEL.

TABLE DES MATIÈRES

PRÉSENTATION 7

L'ANALYSE DU DISCOURS ET L'ÉTUDE
DE LA LITTÉRATURE
Dominique Maingueneau 13

LA DIMENSION ARGUMENTATIVE DU DISCOURS
LITTÉRAIRE. L'exemple de *Les Bienveillantes*
Ruth Amossy 35

CHAMP LITTÉRAIRE ET ANALYSE DE DISCOURS :
QUELLES ARTICULATIONS ?
Jérome Meizoz 65

COMMUNAUTÉ ET COMMUNICATION SYMBOLISTES
AU DÉBUT DES ANNÉES 1890
Julien Schuh 87

POLÉMIQUE ET PARATOPIE CRÉATRICE :
DE L'OMBRE À LA LUMIÈRE ÉDITORIALE
Pascale Delormas 103

AU-DELÀ DE « L'HOMME ET L'ŒUVRE ».
LA SUBJECTIVITÉ ÉNONCIATIVE ET LA CONSTRUCTION
AUCTORIALE CHEZ DAG SOLSTAD
Inger Østenstad 125

L'IMPOSSIBLE DISCOURS BIOGRAPHIQUE ?
Irene Iversen 147

STRATÉGIES ET POSITIONNEMENTS DISCURSIFS
DANS LES ROBINSONNADES AU FÉMININ
Anne Birgitte Rønning 173

RÉFÉRENCES BIBLIOGRAPHIQUES 197

ONT CONTRIBUÉ À CE VOLUME 207

L'HARMATTAN, ITALIA
Via Degli Artisti 15 ; 10124 Torino

L'HARMATTAN HONGRIE
Könyvesbolt ; Kossuth L. u. 14-16
1053 Budapest

L'HARMATTAN BURKINA FASO
Rue 15.167 Route du Pô Patte d'oie
12 BP 226 Ouagadougou 12
(00226) 76 59 79 86

ESPACE L'HARMATTAN KINSHASA
Faculté des Sciences Sociales,
Politiques et Administratives
BP243, KIN XI ; Université de Kinshasa

L'HARMATTAN GUINEE
Almamya Rue KA 028 en face du restaurant le cèdre
OKB agency BP 3470 Conakry
(00224) 60 20 85 08
harmattanguinee@yahoo.fr

L'HARMATTAN COTE D'IVOIRE
M. Etien N'dah Ahmon
Résidence Karl / cité des arts
Abidjan-Cocody 03 BP 1588 Abidjan 03
(00225) 05 77 87 31

L'HARMATTAN MAURITANIE
Espace El Kettab du livre francophone
N° 472 avenue Palais des Congrès
BP 316 Nouakchott
(00222) 63 25 980

L'HARMATTAN CAMEROUN
Immeuble Olympia face à la Camair
BP 11486 Yaoundé
(00237) 99 76 61 66
harmattancam@yahoo.fr

L'HARMATTAN SENEGAL
« Villa Rose », rue de Diourbel X G, Point E
BP 45034 Dakar FANN
(00221) 33 825 98 58 / 77 242 25 08
senharmattan@gmail.com